Christine Röll

Interkulturelles Lernen in der Erwachsenenbildung: Eine Methodensammlung zur Entwicklung von interkulturellem Bewusstsein

Diplomica® Verlag GmbH

Röll, Christine: Interkulturelles Lernen in der Erwachsenenbildung: Eine Methodensammlung zur Entwicklung von interkulturellem Bewusstsein, Hamburg, Diplomica Verlag GmbH 2010

ISBN: 978-3-8366-9738-5
Druck: Diplomica® Verlag GmbH, Hamburg, 2010

Bibliografische Information der Deutschen Nationalbibliothek:
Die Deutsche Nationalbibliothek verzeichnet diese Publikation in der Deutschen Nationalbibliografie; detaillierte bibliografische Daten sind im Internet über http://dnb.d-nb.de abrufbar.

Die digitale Ausgabe (eBook-Ausgabe) dieses Titels trägt die ISBN 978-3-8366-4738-0 und kann über den Handel oder den Verlag bezogen werden.

© Diplomica Verlag GmbH
http://www.diplomica-verlag.de, Hamburg 2010
Printed in Germany

Inhaltsverzeichnis

1. Einführung

1.1 Motivation, Ziele und Zielgruppe

Mein Interesse an der interkulturellen Thematik lässt sich auf meine eigenen Erfahrungen zurückzuführen: Als ich während meines Studiums ein Auslandssemester in Irland absolvierte, erlebte ich einige Unterschiede in der Organisation des Alltags und dem Feiern von Festen wie Weihnachten und Geburtstagen. Auch die Vorstellungen von Pünktlichkeit, Direktheit oder Freundschaft waren anders.

Später arbeitete ich in der Exportabteilung eines Unternehmens, das seine Produkte weltweit verkaufte und erlebte, wie es in manchen Situationen zu interkulturellen Missverständnissen kam. Auch bei meiner darauf folgenden Tätigkeit an einer Hochschule konnte ich bei internationalen Studierenden Unterschiede in der Kommunikation und Herangehensweise an Probleme feststellen.

Veranlasst durch diese Erfahrungen begann ich, mich mit interkulturellen Theorien und Methoden zu beschäftigen und habe mehrmals an der von Professor Jürgen Bolten (Fachbereich Interkulturelle Wirtschaftskommunikation an der FSU Jena) organisierten Interkulturellen Sommerakademie teilgenommen. Dadurch bekam ich viele Anregungen, dieses komplexe Thema auch selbst zu vermitteln. Die theoretischen Grundlagen und die Auswahl der Methoden dieser Sammlung stützen sich zum großen Teil auf Boltens Theorien.

Die Zielgruppe dieser Methoden sind erwachsene Lerner, z. B. in VHS-Kursen oder an der Hochschule; Sprachkurse oder Schulungen im Bereich interkulturelle Kommunikation oder Einführungskurse für internationale Studierende, die ein oder mehrere Semester in Deutschland verbringen. Es handelt sich um eine Trainingseinheit, wobei einige Aktivitäten alternativ eingesetzt werden können. Je nach Bedarf können Teile weggelassen oder mit eigenen Inhalten für die jeweilige Zielgruppe verändert oder ergänzt werden.

Dieses Training hat folgende Ziele:

- Die Teilnehmer sollen über sich selbst und ihren kulturellen Hintergrund reflektieren.
- Sie sollen sich ihrer Vorurteile und Stereotype bewusst werden.
- Sie sollen unterschiedliche Kommunikationsmuster und ihre Auswirkung auf die interkulturelle Kommunikation erkennen.
- Sie sollen interkulturelle Kommunikation in Rollenspielen erfahren.
- Sie sollen das Phänomen Kulturschock und Strategien zu seiner Überwindung kennen lernen.

1.2 Beweggründe für die Vermittlung interkultureller Kompetenz

Seit den 80er Jahren nimmt das Interesse an interkulturellen Fragen stetig zu. Inzwischen gibt es eine Vielzahl von Forschern, die sich mit diesem Thema befassen und in fast allen Wissenschaftsgebieten haben sich Unterbereiche, die sich speziell mit dem Thema der Interkulturalität auseinandersetzen, gebildet. Dazu gehören z. B. die Interkulturelle Psychologie, die Interkulturelle Germanistik und die Interkulturelle Philosophie.[1]

Das steigende Interesse an interkulturellen Problemen zeigt sich auch in der großen Zahl von Büchern, die in den letzten Jahren zu diesem Thema erschienen sind. Der Großteil dieser Werke richtet sich an Unternehmensbereiche wie interkulturelles Management, Marketing oder Personalführung; aber die Anzahl der Publikationen zu anderen Disziplinen, z. B. dem Gesundheitswesen oder der Psychologie ist ebenfalls steigend. Dies lässt auf ein wachsendes Bewusstsein schließen, dass die in der eigenen Kultur üblichen Verhaltens- und Kommunikationsstrategien bei der Interaktion mit Angehörigen anderer Kulturen nicht unbedingt erfolgreich sind und zu Missverständnissen und Konflikten führen können.

Auch im Bildungswesen findet das Thema der interkulturellen Kompetenz verstärkte Beachtung. Immer mehr Universitäten richten Lehrstühle für interkulturelle Kommunikation ein oder bieten komplette interkulturelle Studiengänge an. Auf den Webseiten der Kultusministerien der Bundesländer kann man zu interkulturellen Themen allgemeine Informationen finden und Beispiele, wie diese Punkte in den Unterricht einbezogen werden können.

Im Sprachenbereich nimmt die Behandlung (inter)kultureller Fragen ebenfalls einen immer höheren Stellenwert ein. Claire Kramsch, Professorin für Deutsch und Fremdsprachenerwerb an der Universität von Kalifornien in Berkeley, bietet dafür die folgende Erklärung:

> *Educators fear that the mere acquisition of linguistic systems is no guarantee of international peace and understanding. After years of communicative euphoria, some language teachers are becoming dissatisfied with purely functional uses of language. Some are pleading to supplement the traditional acquisition of 'communicative' skills with some intellectually legitimate, humanistically oriented, cultural 'content'. Others, who teach their language to non-native speaker immigrants, are under pressure to absorb (read: acculturate) into their society growing numbers of newcomers.[2]*

Laut Claire Kramsch hat das Interesse an kulturellen Themen im Sprachunterricht folgende Gründe:

- politische: Die Erweiterung des Sprachunterrichts um kulturelle Themen soll das Defizit des reinen Sprachunterrichts überwinden, in dem Verständnis für andere Kulturen nur schwierig zu vermitteln ist.
- pädagogische: viele Sprachlehrer halten eine nur funktionelle Sprachvermittlung nicht mehr für ausreichend. Sie fordern, dass die kommunikativen Fähigkeiten um einen humanistisch orientierten kulturellen Inhalt erweitertet werden.
- pragmatische: Lehrende, die Immigranten unterrichten, stehen unter Druck, eine wachsende Zahl von Neuankömmlingen zu akkulturieren.

---

1 vgl. http://lipas.uwasa.fi/comm/publications/interkult/extdoc/4henschro.pdf
2 http://zif.spz.tu-darmstadt.de/jg-01-2/beitrag/kramsch2.htm

Auch beim gemeinsamen europäischen Referenzrahmen für Sprachen wird bei den Kompetenzen, die die Lernenden erreichen sollen, auf das interkulturelle Bewusstsein hingewiesen:

Aus der Kenntnis, dem Bewusstsein und dem Verständnis der Beziehungen zwischen der 'Welt des Herkunftslandes' und der 'Welt der Zielsprachengemeinschaft' (Ähnlichkeiten und klare Unterschiede) erwächst ein interkulturelles Bewusstsein... Über das objektive Wissen hinaus gehört zum interkulturellen Bewusstsein auch, dass man sich bewusst ist, wie eine Gemeinschaft jeweils aus der Perspektive der anderen erscheint, nämlich häufig in Form nationaler Stereotypen.[3]

1.3 Definition und Eingrenzung des Begriffes „Kultur" und „interkulturell"

Es gibt eine Vielzahl von Erklärungen des Begriffes „Kultur". Für dieses Buch soll die Definition von Alexander Thomas, Psychologe mit dem Forschungsschwerpunkt Interkulturelle Psychologie, zugrunde gelegt werden:

Kultur ist ein universelles, für eine Nation, Gesellschaft, Organisation und Gruppe aber sehr typisches Orientierungssystem. Dieses Orientierungssystem wird aus spezifischen Symbolen gebildet. Es beeinflusst Wahrnehmen, Denken, Werten und Handeln aller Mitglieder und legt demzufolge deren Zugehörigkeit zur Gesellschaft, Organisation oder Gruppe fest. Das Orientierungssystem ermöglicht den Mitgliedern ihre eigene Umweltbewältigung. Das so strukturierte Handlungsfeld reicht von geschaffenen Objekten bis hin zu Institutionen, Ideen und Werten.[4]

Im Rahmen dieses Kulturbegriffes ist es notwendig, sich bewusst zu machen, welche Gruppen der Begriff „Kultur" umfasst. Gibt es z. B. eine Kultur der deutschsprachigen Länder, eine deutsche Kultur innerhalb der Landesgrenzen oder kann man sogar innerhalb von Deutschland von verschiedenen Kulturen sprechen?

Es gibt die folgenden Möglichkeiten, den Begriff „Kultur" einzugrenzen[5]:

- Nation (politisch),
- geographisch (Region),
- sprachlich (Sprachgemeinschaft),
- kulturanthropologisch (ideen- und religionsgeschichtlich kompatible Gemeinschaften)

---

[3] http://www.goethe.de/Z/50/commeuro/5010103.htm
[4] Thomas, Alexander (1994): Kulturelle Divergenzen in der deutsch-deutschen Wirtschaftskooperation. In: T. Bungarten (Hg.): *Deutsch-deutsche Kommunikation in der Wirtschaftskooperation*. Tostedt (Attikon), 76
[5] die ersten fünf Punkte vgl. Bolten, Jürgen (2001): *Interkulturelle Kompetenz*. Erfurt: Landeszentrale für politische Bildung Thüringen, 15

- soziologisch (subkulturelle Lebenswelten im Sinne identitätsstiftender Kollektive unterschiedlicher Größe)
- Generationsunterschiede

Jede dieser Einteilungen hat ihre Vor- und Nachteile. Der Nachteil einer soziologischen Sichtweise, die differenziert vorgeht, ist unter anderem eine höhere Komplexität. Die Betrachtung einer Sprachgruppe oder eines Landes kann dagegen übergeneralisierend sein, da nicht auf die Eigenheiten der verschiedenen Bevölkerungsgruppen eingegangen wird. So sieht z. B. der Führungskräftecoach Olaf Georg Klein signifikante Verhaltensunterschiede zwischen Ost- und Westdeutschen, z. B. im paraverbalen Bereich wie Blickkontakt und Körperdistanz oder in der Gesprächs- und Verhandlungstaktik[6].

Bei der Charakterisierung eines Kulturraumes darf man sich daher nicht auf pauschale Beschreibungen beschränken. Um der kulturellen Vielfalt Deutschlands gerecht zu werden, sollte man auf verschiedene Gruppen und Subkulturen eingehen, z. B. auf verschiedene Regionen, auf Ost- und Westdeutschland, türkischstämmige Deutsche oder Russlanddeutsche sowie auf Generationsunterschiede. Dabei muss darauf hingewiesen werden, dass diese Beschreibungen nicht auf alle Angehörigen einer Gruppe zutreffen und es auch in den verschiedenen Bevölkerungsgruppen kulturelle Unterschiede und Identitäten gibt.

Mit „interkulturell" wird hier die Interaktion von Angehörigen verschiedener Kulturen bezeichnet. Als „interkulturelle Kompetenz" sehe ich die Fähigkeit, verschiedene Kompetenzen erfolgreich im interkulturellen Umfeld anzuwenden.

2. Interkulturelle Methoden – Theoretischer Hintergrund

2.1   Methoden im interkulturellen Unterricht und ihre Vor- und Nachteile

Bei den interkulturellen Methoden unterscheidet man zwischen kulturspezifischen (auf eine bestimmte Kultur bezogene) und kulturübergreifenden Übungen sowie zwischen informatorisch bzw. kognitiv ausgerichteten und erfahrungsorientierten Methoden[7]. Informatorische Methoden eignen sich dazu, große Wissensmengen zu lehren, wobei dagegen keine Anwendung des Gelernten stattfindet. Bei interaktionsorientierten Methoden geht es in erster Linie um die Erfahrung während des Lernprozesses und nicht so sehr um die Vermittlung von „harten" Fakten. Allerdings kann auch hier die Übertragung der Erfahrung auf reale Situationen schwierig sein. Es gibt Simulationen, z. B. *BaFa' BaFa'* [8], bei denen es um die Begegnung von Angehörigen zweier künstlicher Kulturen geht, denen verschiedene Verhaltensweisen zugeschrieben werden, die aber nicht unbedingt realistisch sind.

---

[6] Klein Olaf Georg: „Fremd im eigenen Land" In: *Harvard Business Manager*, November 2009, S. 101-104

[7] Bolten, 2001, 89
[8] http://www.simulationtrainingsystems.com/business/bafa.html

Durch die Kombination dieser Ausrichtungen ergeben sich vier Arten von interkulturellen Methoden:

- kulturspezifisch kognitiv (KSK),
- kulturspezifisch erfahrungsorientiert (KSEO),
- kulturübergreifend kognitiv (KOK)
- kulturübergreifend erfahrungsorientiert (KUEO).

Nachstehend werden die Vor- und Nachteile der verschiedenen interkulturellen Methoden zusammengefasst:

Methode	Vorteile	Nachteile
Vorlesung/Vortrag KSK + KOK	- kompakte Informationsvermittlung - klare Struktur - für große Zielgruppen geeignet - keine besonderen Hilfsmittel nötig	- rein kognitives Lernen - sehr von der vortragenden Person abhängig
Analyse von Artikeln und Reportagen über interkulturelle Erfahrungen KSK	- authentisch - Üben von kritischem Lesen (Erkennen von Stereotypen und Vorurteilen)	- rein kognitives Lernen
Diskussion KSEO oder KOK je nach Teilnehmer	- Teilnehmer können sich einbringen - Meinungsaustausch möglich	- Teilnehmer können sich von der Diskussion zurückziehen oder sie dominieren (Geschick des Moderators gefordert) - Man kann leicht vom Thema abweichen
Gastredner/in KSK oder KSEO	- authentisch - Erfahrungen aus erster Hand - Identifizierung möglich - kann emotional sein	- stark von Persönlichkeit des Redners abhängig - kann zu Verstärkung von Stereotypen und Vorurteilen führen (eine Person repräsentiert eine Kultur)
Fallstudie KSK	- konkrete Situation wird bearbeitet - sofortiges Feedback - situationsspezifisch	- Situation nicht immer relevant - kognitives Lernen
Romane KSK	- Ermöglicht andere Perspektive zu sehen - Lesen des Romans außerhalb der Lehrveranstaltung möglich - Schaffen einer gemeinsamer Diskussionsbasis	- großer Zeitaufwand - Romananalyse ist kognitiv
Spielfilme KSK	- sprechen emotionale Ebene an - sprechen mehrere Sinne an - können verschiedene Blickwinkel bieten - können authentisches Kommunikationsverhalten zeigen - unterhaltsam	- manche Filme verstärken Klischees und Stereotype - Wirkung kann beeinträchtigt werden, wenn nur Ausschnitte gezeigt werden - Verständnisprobleme bei authentischen Filmen in einer Fremdsprache - Aufführrecht

Methode	Vorteile	Nachteile
Analyse von Zeitschriften, Firmenberichten, Werbeprospekten, Websites KSK	- Authentisches Material aufgrund von historisch gewachsener Kommunikationsprozessen	- kognitive Analyse - Beschaffung von aktuellem Printmaterial aus dem Ausland oft schwierig - Übertragung auf andere Kommunikationssituationen eventuell schwierig
Critical Incident (= Beschreibung einer Interaktion, bei der es zu einem Missverständnis oder zu einem Konflikt gekommen ist) KSK	- konkreter Fall (Es ist darauf hinzuweisen, dass durch diesen Fall nicht generell Schlüsse über eine Kultur gezogen werden dürfen). - prozessorientiert - anschaulich	- kognitiv - sehr spezifisch
Rollenspiel KSEO	- aktive Teilnahme - interaktionsorientiertes Lernen - prozessorientiertes Lernen	- Teilnehmer verhalten sich eventuell nicht wie in einer realen Situation - Teilnehmer identifizieren sich eventuell nicht mit ihrer Rolle - nur für begrenzte Anzahl von Teilnehmer
Simulation oder Planspiel[9] KSEO oder KUEO	- erfahrungs- und interaktionsorientiert - kann emotional sein - häufig unterhaltsamer als kognitive Methoden	- Bei unrealistischen Simulationsbedingungen ist es eventuell schwer, Erfahrungen auf die Realität zu übertragen.
interkulterelle Projekte z. B. Email-Projekte bzw. Projekte, bei denen verschiedene Gruppen gemeinsam eine Aufgabe lösen sollen KSEO	- authentisch - interaktionsorientiert - prozessorientiert	- oft aufwendig zu organisieren - erfahrener und geschickter Moderator nötig, der die Prozesse begleitet, da es sonst zu einer Verstärkung der Stereotype und Vorurteile kommen kann.
Begegnungs-programme KSEO	- authentisch - interaktionsorientiert	- aufwendig - setzen eine gute Vorbereitung und geschulte Betreuung voraus

---

[9] Beispiele unter http://www.ikkompetenz.thueringen.de/fremdheitserfahrung/simulation/index.htm

2.2 Grenzen und Risiken des interkulturellen Unterrichts

Interkulturelle Kompetenz ist nicht eine einzelne erlernbare Fähigkeit, sondern vielmehr das Vermögen, Teilkompetenzen auf interkulturelle Handlungsfelder zu beziehen: Solche Teilkompetenzen sind z. B. Ambiguitätstoleranz, d. h. Unsicherheit zu ertragen, Dissensbewusstsein, Empathie, Flexibilität, Fremdsprachenkenntnisse, Kommunikationsfähigkeit, Kulturwissen, Rollendistanz und Toleranz[10]. Die Effektivität eines interkulturellen Kompetenztrainings ist begrenzt, wenn es nicht mit der Vermittlung anderer Kompetenzen verbunden wird. Daher sollte ein interkulturelles Training nicht isoliert stattfinden: Es sollte mit der Lehre anderer relevanter Fächer kombiniert werden bzw. in diese sollte man interkulturelle Fragestellungen integrieren, denn eine effektive Vermittlung interkultureller Handlungskompetenz gelingt langfristig nur unter der Voraussetzung der Überwindung von Fächergrenzen[11].

In der beruflichen Ausbildung kann das erreicht werden, indem Fach-, Sprach- und interkultureller Unterricht verbunden werden. Das können z. B. Bilanzierungsregeln und Jahresabschlüsse im internationalen Vergleich im Bereich Rechnungswesen sein oder die fächerübergreifende Behandlung von internationalem Marketing, Management und Verhandlungsführung bzw. die Untersuchung der kultur-spezifischen Bedürfnisse alter Menschen in der Sozialarbeit.

„Eine effektive Vermittlung interkultureller Kompetenz ist auch in der Schule ohne interkulturelle Praxis nicht denkbar."[12] Interkulturelles Handeln muss in der Realität geübt werden. Wenn das Umfeld keine interkulturellen Begegnungen ermöglicht, können diese durch das Internet herbeigeführt werden, z. B. mittels Internet-projekten zwischen Schulen bzw. Hochschulen oder anderen Bildungsträgern an den jeweiligen Standorten. So spielt an der FSU Jena im Fachbereich Interkulturelle Wirtschaftskommunikation das E-Learning eine große Rolle beim virtuellen Austausch von Lehrveranstaltungen, zur Diskussionen interkultureller Themen auf einer Internet-Plattform oder zur Durchführung internationale Projekte im „Virtual Classroom"[13].

Auch Austauschprogramme mit (Hoch)-Schulen in anderen Ländern dienen dazu, interkulturelle Erfahrungen zu sammeln und Fähigkeiten in diesem Bereich zu erwerben. Allerdings erhöht ein solches Begegnungsprogramm nicht automatisch die interkulturelle Kompetenz, es ist vielmehr eine gründliche Vorbereitung und Begleitung durch interkulturell geschulte Lehrer notwendig, da es sonst häufig nicht zu einer besseren Verständigung, sondern zur Verstärkung von Vorurteilen kommen kann. Dies entspricht meiner eigenen Erfahrung beim Schüler- und Studierendenaustausch und wird von interkulturellen Forschern bestätigt[14].

---

[10] vgl. Bolten, 2001, 84 ff
[11] vgl. Bolten, 2001, 102
[12] ebenda
[13] vgl. www.intercultural.campus.org
[14] vgl. Baron, Rachel (2002): *Interculturally speaking : "Landeskunde", Intercultural learning and teacher training in Germany from an American perspective.* München: Langenscheidt-Longman, 91

Aber auch bei interkulturellen Trainingsmaßnahmen besteht die Gefahr der Verstärkung von Vorurteilen, wenn Kulturen in Kategorien eingeteilt werden und Individuen aufgrund dieser Einteilung pauschal Verhaltensweisen zugewiesen werden. Daher sind die zur Erklärung der unterschiedlichen Verhaltensweisen in verschiedenen Ländern herangezogenen Dimensionen des niederländischen Forschers Hofstede kritisch zu sehen. Er hat Dimensionen wie z. B „hohe bzw. niedrige Machtdistanz" (egalitäre bzw. standesbewusste Gesellschaft) oder „Individualismus bzw. Kollektivismus" aufgestellt:

> *Abgesehen von der mangelnden Erklärungskraft einer solchen Aussage ist die Problematik des Vorgehens offenkundig: Einerseits liegt der Kategorienformulierung eine westliche Perspektive zu Grunde, andererseits entwickeln sich Kulturen in bestimmte Richtungen weiter, sodass die Werte bereits nach kurzer Zeit nicht mehr gültig sein müssen. Auch hier werden folglich stereotype Denkmuster eher vertieft als abgebaut.*[15]

Auch sagen diese Dimensionen nichts darüber aus, wie sie sich konkret auf das Verhalten auswirken und können daher sogar irreführend sein. So ist die Machtdistanz laut Hofstede in der amerikanischen Kultur ähnlich niedrig wie in der deutschen, allerdings ist es in den USA nicht üblich, seinem Chef zu widersprechen oder Kritik zu äußern, wie der Amerikaner Ron Gorlick im Vergleich zu der deutschen Praxis feststellt: „Es bestehen offenbar signifikante Unterschiede in der Art, Autorität auszuüben und zu akzeptieren."[16]. Ein Deutscher, der längere Zeit in den USA arbeitete, hat die Erfahrung gemacht, dass es in den USA ein größeres Bewusstsein für Hierarchien als in Deutschland gibt, obwohl es zunächst so aussieht, als sei es umgekehrt.[17]

Das Risiko der Stereotypisierung besteht auch bei anderen Methoden, z. B. bei den *Kritischen Begegnungen (Critical Incidents)*, auf die ich unter 2.3.7.2 eingehe.

2.3   Didaktische Einordnung der Methoden dieser Sammlung

Nachstehend wird die didaktische Motivation der im zweiten Teil vorgestellten Methoden kurz vorgestellt:

2.3.1   Eisbrecher (Kapitel 3.1)

Die Aufgabe von sogenannten Eisbrechern ist es, das Kennenlernen der Teilnehmer zu ermöglichen und dazu eine entspannte Atmosphäre zu schaffen. Diese Methoden geben den Teilnehmern die Gelegenheit, über sich zu erzählen (*Fünf Fragen*, siehe 3.1.1), Gemeinsamkeiten zu entdecken (*Lebendes Domino,* siehe 3.1.3) oder kulturelle Konventionen (*Begrüßungen,* siehe 3.1.2) auf spielerische Weise erfahren.

---

[15] Bolten, 2001, 95
[16] Gorlick, Ron: „Nur das Ergebnis zählt" In: Harvard Business Manager, November 2009, S. 12-15

[17] vgl. Gorlick, Nov. 2009, 13

2.3.2   Was ist Kultur? (Kapitel 3.2)

Ein häufig verwendetes Modell für Kulturen ist der Eisberg, der graphisch darstellt, dass bei Kulturen nur wenige Elemente sichtbar sind und der Rest im Verborgenen liegt.

Der kulturelle Eisberg

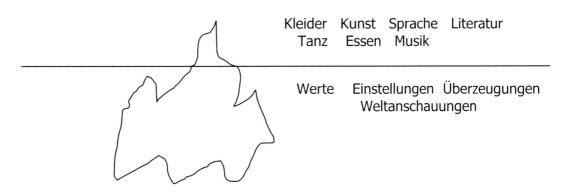

Bolten definiert die Beziehung zwischen der sichtbaren und verborgenen Ebene wie folgt: „Das Verhältnis zwischen kultureller *perceptas* und kultureller *konceptas* ist vorstellbar als das von Oberflächen- und Tiefenstruktur: Ersteres ermöglicht die Beschreibung, letzteres die Erklärung kultureller Eigenarten".[18]

Dabei ist *perceptas* die Ebene des Wahrnehmbaren, das Zeichen für zu Grunde liegende aber nicht sichtbare Denk- und Handlungskonzepte und *konceptas* steht für immaterielle Bedeutungen, Gedanken, Gefühle, Werte, Regeln, was richtig und falsch ist, etc., die über das Wahrnehmbare vermittelt werden.

Tourismuswerbespots (Übung 3.2.2) stellen die oberflächlich wahrnehmbaren Aspekte einer Kultur anschaulich dar. Auch typische Nahrungsmittel, Essensgewohnheiten und Tischmanieren sind ein wichtiges Thema in diesem Bereich (siehe Übungen 3.3.2 bis 3.3.4).

Die Fantasiereise der Übung 3.2.1 ermöglicht es den Teilnehmern, sich in die Situation der ersten Begegnung mit einer anderen Kultur hineinzuversetzen. An diese Übung sollte sich eine Diskussion über den Kulturbegriff und seine sichtbare und verborgene Ebene anschließen.

2.3.3   Meine Kultur – Deine Kultur (Kapitel 3.3)

Klima und Umwelt, Geschichte, Religion und Sprache gehören zu den Faktoren, die Kulturen beeinflussen. Die natürliche Umwelt hat Einfluss auf das Aussehen der Menschen und ihre Kleidung, Häuser, Städte, usw. Die Umwelt, Geschichte, Religion und Sprache wirken sich wiederum auf die Einstellungen und die Mentalität der Menschen aus und darauf, wie sie sich organisieren:

---

[18] Bolten, 2001, 17

Historical experience, geographic and geo-linguistic position, physiology and appearance, instinct for survival - all combine to produce a core of beliefs and values which will sustain and satisfy the aspirations and needs of a given society. Based on these influences and beliefs, societal cultural conditioning of the members of the group is established and consolidated. (...) Infants and youth are trained by their parents, teachers, peers and elders.[19]

2.3.4 Wer bin ich? (Kapitel 3.4)

Der Kulturforscher Hofstede nennt Kultur „software of the mind" (mentale Software). So finden sich die menschlichen Verhaltensweisen auf drei Ebenen wider; sie sind entweder allen Menschen angeboren oder werden in einer bestimmten Kultur von den Angehörigen der jeweiligen Kultur gelernt oder sind auf die individuellen Erbanlagen, Erziehung und Erfahrungen des Individuums zurückzuführen[20]:

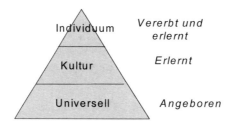

Die in diesem Kapitel vorgestellten Übungen ermöglichen es, durch Schreiben oder graphische Mittel sich selbst zu beschreiben, um sich dadurch als Individuum bzw. als einer bestimmten Kultur verhafteten Person zu erkennen.

2.3.5 Stereotype und Vorurteile (Kapitel 3.5)

Da Stereotypen in interkulturellen Begegnungen eine große Bedeutung zukommt, ist es unverzichtbar, sich mit ihnen auseinanderzusetzen. Wenn es auch idealistisch ist, zu glauben, dass sich dadurch klischeehafte Vorstellungen und Vorurteile einfach überwinden lassen, sollte doch versucht werden zu erreichen, dass sich die Teilnehmer ihrer vorgefassten Vorstellungen über andere Menschen bewusst werden und sie auch das Bild kritischer betrachten, das ihnen z. B. Schulbücher und Medien über andere Kulturen vermitteln.

---

[19] Lewis, Richard D. (1996): *When Cultures Collide.* London: Nicholas Brealey Publishing Limited, 66
[20] Hofstede, Geert (1994): *Cultures and Organisations.* London: Harper Collins Business, 6

Zu den wesentlichen Funktionen von Vorurteilen gehören die Orientierungsfunktion, die Anpassungsfunktion an die jeweiligen sozialen Lebensbedingungen, die Abwehrfunktion zum Erhalt eines positiven Selbstbildes, die Selbstdarstellungsfunktion sowie die Abgrenzungs- und Identitätsfunktion[21]:

Konzeptualisierung von Vorurteilen[22]

Konzept	Rolle von Vorurteilen	Maßnahmen zum Abbau von Vorurteilen
Persönlichkeits-theoretisch	Vorurteile werden als Symptome spezifischer Persönlichkeitsstrukturen und psychodynamischer Mechanismen der intrapersonalen Konfliktregelung aufgefasst, der sich in einer extremen Abwertung anderer Personen bis hin zu aggressivem Verhalten ausdrückt.	a) Diagnose und Reflexion der individuellen Bedürfnislage b) Stärkung des Selbstwertgefühls c) Gewährleistung von Möglichkeiten, eigene, negative Gefühle unter kontrollierten Bedingungen auszudrücken. d) Gruppendiskussionen mit dem Ziel, Ansichten zu den vorurteilsbehafteten Einstellungen auszudrücken und so erfahrbar zu machen. e) Vermittlung von Einsichten in Wahrnehmungs- und Urteilsverzerrungen
Kognitions-theoretisch	Vorurteile werden als nützliche und durchaus normale Erscheinungen in der alltäglichen Kognition sowie bei der Aufnahme und Verarbeitung von Informationen im sozialen Kontext gesehen. Sie erleichtern die Orientierung in einer komplexen Umwelt.	a) Kognitives Training zur Wahrnehmungs- und Urteilsdifferenzierung b) Beeinflussung der Informationsverarbeitungsprozesse, die zu vorurteilsbehafteten Einstellungen führen
Einstellungs-theoretisch	Vorurteile sind negativ wertende, generalisierende und besonders änderungsresistente „Sonderfälle" sozialer Einstellungen.	a) Überzeugen durch Argumente b) Überzeugen durch Appelle c) Schaffung einer aktiven Rolle des Vorurteilsträgers bei der Informationsaufnahme und –verarbeitung d) Kontaktherstellung zu Vorurteilsobjekten
Sozial-kognitive Intergruppen-Konzepte	Vorurteile sind soziale Symptome bestimmter sozialpsychologischer Strukturen der Intergruppenbeziehungen	a) Förderung der Fähigkeit zur Selbstreflexion b) Abschwächung der ursprünglichen Kategorisierung in Eigen- und Fremdgruppe

---

[21] vgl. Thomas, Alexander (2000): *Bedeutung und Funktion sozialer Stereotype und Vorurteile für die interkulturelle Kommunikation.* In: O. Rösch (Hrsg.), Stereotypisierung des Fremden. Auswirkungen in der Kommunikation, Wildauer Schriftenreihe Interkulturelle Kommunikation, Bd. 4, Berlin: News & Media, 14

[22] vgl. Thomas, 2000, 24 f

Die Übungen dieser Sammlung lassen sich wie folgt zuordnen:

- Persönlichkeitstheoretisch (c, d, e): *Der erste Eindruck*
- Kognitions- bzw. einstellungstheoretisch: *Assoziationen*
- Sozial-kognitive Intergruppen-Konzepte: *In-Group/Out-Group, Disteln köpfen, Vorurteile durch Label*

Mit *Vorurteile durch Label* kann außerdem der Pygmalioneffekt verdeutlicht werden, der das Phänomen der Verhaltensbestätigung oder selbsterfüllenden Prophezeiung bezeichnet: Die Erwartungen an andere beeinflussen deren Verhalten und Leistungen, so können zum Beispiel unter Umständen die niedrigeren Erwartungen an Migrantenkinder deren Lernmotivation beeinträchtigen.[23]

Der Sozialarbeiter Shane Dunphy beschreibt in seinem Buch „Wednesday's Child", das starke Bedürfnis der Menschen, sich einer Gruppe zugehörig zu fühlen. Das kann so weit gehen, dass sich sogar Schauspieler mit gleicher Maske zusammenfinden, wenn dies im Augenblick ihr augenfälligstes Identifikationsmerkmal ist:

> *I remember reading an article in Empire magazine about the making of the movie Planet of the Apes. It observed that during breaks in filming, the actors playing the apes in the movie would automatically congregate in the canteen with actors who were wearing make-up of a similar breed of ape. So a visitor to the set would see a table full of Gorillas, a table full of Orang-Utans, a table full of Chimpanzees. No one forced this, it wasn't a 'method technique', it just naturally occurred.*[24]

Mit dem Artikel *Disteln köpfen*, in dem es um Familien mit Kindern auf der einen Seite und Kinderlose andererseits geht, kann die In-Group/Out-Group-Theorie veranschaulicht werden. Die In-Group ist die soziale Gruppe, der sich der Einzelne zugehörig fühlt, die Gemeinschaft, mit der er sich identifiziert. Für die In-Group wird die eigene Gruppe zum Maßstab anderer Gruppen und Personen. Dabei werden Unterschiede zu denen, die nicht dazu gehören, also der Out-Group, oft überschätzt und deren Gruppenmitglieder werden häufig abfällig, stereotyp und gleichförmig beurteilt.

2.3.6 Umgang mit der Zeit (Kapitel 3.6)

Traditionelle Gesellschaften, deren Wirtschaft hauptsächlich auf Landwirtschaft basiert, teilen ihr Leben in natürliche Zyklen ein, d. h. der Tagesablauf richtet sich nach der Sonne, den Mondzyklen und den Jahreszeiten. Diese Abläufe wiederholen sich in regelmäßigen Abständen wie auch die landwirtschaftlichen Tätigkeiten und Feste, die in den Jahresverlauf eingebunden sind. Das Leben in diesen Gesellschaften ist nicht von der Uhr bestimmt.

In der Industriegesellschaft wird das Arbeitsleben kaum noch von den Jahreszeiten und der Natur beeinflusst. In den Fabriken werden die Arbeitsabläufe, die

---

[23] http://www1.bpb.de/die_bpb/TJ9J7T,2,0,Bildung_und_Integration.html
[24] Dunphy, Shane (2006): *Wednesday's Child*, Gill &Macmillan Ltd., Dublin, 43

Ruhepausen, der Anfang und das Ende der Arbeit vom Fließband bestimmt. Dies hat Einfluss auf das Zeitempfinden; der Verlauf der Zeit wird eher wie eine Linie angesehen, die von links - der Vergangenheit - nach rechts - der Zukunft - verläuft.

Der Anthropologe Edward T. Hall geht von einem Modell des monochronen bzw. polychronen Umgang mit der Zeit aus. Monochrone Menschen empfinden den Zeitverlauf als eine Reihe von Ereignissen, die chronologisch nacheinander ablaufen. Die Zeit ist eine Ressource, die man gewinnen und verlieren kann und gut einteilen und sparen sollte: „Zeit ist Geld". Verabredungen und Termine werden in der Regel im Voraus geplant und ihre genaue Einhaltung wird als wichtig angesehen. Projekte werden so detailliert geplant, dass die Änderung eines Aspektes das gesamte System durcheinanderbringen kann, wenn sich z. B. ein Zug oder Flugzeug verspätet.

Monochrones Zeitempfinden   Polychrones Zeitempfinden

Das polychrone Zeitverständnis kann durch mehrere Zeitstränge dargestellt werden, auf denen die Ereignisse gleichzeitig stattfinden oder sich überlappen. Für polychrone Menschen ist Flexibilität wichtig und nicht die genaue Einhaltung eines Termins. Pünktlichkeit hat in den meisten Lebenssituationen keine große Bedeutung. Der Zeitverlauf wird als „fließender" angesehen und man erledigt mehrere Dinge gleichzeitig, z. B. werden Besprechungen durch Telefonanrufe unterbrochen.

Um es plakathaft zu formulieren: Für die polychronen Menschen steht die Flexibilität im Vordergrund und für monochrone Personen ist die Einhaltung von Terminen wichtig. Beim polychronen Zeitempfinden sind die augenblicklichen persönlichen Kontakte wichtiger als Pläne und Verabredungen und so können letztere kurzfristig geändert werden. Eine polychrone Person würde z. B. lieber später zu einer Verabredung kommen als einen unerwarteten Anrufer auf einen späteren Termin zu vertrösten. Außerdem unterscheidet sie nicht so stark zwischen dem Arbeits- und Privatleben und neigt dazu, langfristige Beziehungen aufzubauen. Asiatische Kulturen, die Mittelmeerländer und Lateinamerika sind im Allgemeinen polychroner orientiert als die deutschsprachigen, auch wenn die Industrialisierung gewisse Regeln, zumindest im Arbeitsleben, vorgibt.

2.3.7 Kommunikationsfaktoren und ihre Wirkung (Kapitel 3.7)

2.3.7.1 Sprachliches Kulturbewusssein

Kritische Kommunikationssituation mit (Kultur-)Fremden führen regelmäßig dazu, die Mehrzahl auftretender Verstehensprobleme nicht der Anwendung verschiedener Kommunikationsregeln zuzuschreiben, sondern unterstellten kulturtypischen fremden Wertorienterungen bzw. individuellen Vorlieben oder Eigenheiten der

Kommunikationspartner[25]. Müller plädiert daher, die „Linguistic awareness of culture"
zu trainieren, die er wie folgt definiert:

> *Linguistic awareness of cultures means the following:*
> *All cultural differences are „hidden" in linguistic manifestations. These*
> *expressions of cultural difference are found in all languages and they can be*
> *classified in different grammatical and lexical categories or even expressed non*
> *verbally. They are presented in culture specific explicit or implicit forms by both*
> *speakers and listeners. This further means, that there is a source of mutual*
> *misunderstanding, if these linguistic indicators or manifestations are not*
> *perceived by the interactors[26].*

2.3.7.2 Analyse von Kommunikationsfaktoren

Folgende Aspekte sind u. a. zur Analyse von Kommunikationsabläufen relevant[27]:

- Unterschiedliche Interpretation von Begriffen, z. B. Freiheit – Liberté – Liberty
- Gesprächsorganisation, Konventionen des Diskursablaufs (z. B. Sprecherwechsel)
- Themen, z. B. zur Kontaktaufnahme
- Direktheit/Indirektheit
- Register (formelle/informelle Sprache)
- Paraverbale Faktoren (Sprechrhythmus, Lautstärke, Wort-/Satzakzent, Sprechtempo, Satzmelodie)
- Häufigkeit und Länge der Sprechpausen
- Nonverbale Faktoren (Mimik, Gestik, Körperdistanz, Blickkontakte)

Mit der Übung *Wie wirken unterschiedliche Kommunikationsfaktoren?* (3.7.2) wird
das Bewusstsein für Aspekte, die die Kommunikation beeinflussen, geschärft.
Außerdem kann man sie als Basis für Metakommunikation, z. B. bei der Auswertung
von „Critical Incidents" und Rollenspielen, einsetzen.

Aus den *Kritischen Begegnungen* (3.7.4), die Missverständnisse in interkulturellen
Situationen beschreiben, dürfen jedoch nicht präskriptive Regeln für bestimmte
Handelsweisen abgeleitet werden. Es muss den Teilnehmern klar gemacht werden,
dass es sich um eine einmalige Begegnung handelt, die nicht auf diese Art
stattfinden muss[28]. Außerdem ist es wichtig, dass nicht unbedingt eine Erklärung als
die einzig richtige gegeben wird, sondern dass mehrere Möglichkeiten nebeneinander
stehen können.

In den *interkulturellen Dialogen* (3.7.5), die Stortis „Cross-Cultural Dialogues"
nachempfunden sind, geht es ebenfalls um die Wirkung kulturell unterschiedlicher
Kommunikationsweisen und Erwartungen. Diese Dialoge sind eine aufschlussreiche
Methode, Missverständnisse zu untersuchen, da das Kommunikationsproblem nicht
immer offensichtlich ist, was auch in wirklichen Begegnungen oft der Fall ist. Stortis

---

[25] vgl. Müller, 2000, 22
[26] Müller, 2000, 24
[27] vgl. Müller, 2000, 22ff
[28] vgl. Bolten, 2001, 94

Analyse der Dialoge ist jedoch häufig stereotyp und nicht realistisch, was wahrscheinlich darauf zurückzuführen ist, dass die Begegnungen nicht auf wahren Begegnungen beruhen, sondern erfunden wurden, um eine bestimmte stereotype Verhaltensweise zu veranschaulichen. So erklärt Storti zum Beispiel die Reaktion eines Deutschen in den USA, der nicht begeistert darüber ist, dass zu einer Party ein anderer Deutscher kommen soll, damit, dass die Deutschen sehr standesbewusst seien und dass der andere Gast einer niedrigeren Gesellschaftsschicht angehöre[29]. Es ist daher ratsam, sich nur auf Fälle zu beziehen, die tatsächlich so stattgefunden haben.

2.3.7.3 Interkulturelle Kommunikation als dynamischer Prozess

Interkulturelle Kommunikation ist ein dynamischer Prozess, der nicht vorhersehbar ist, da nicht zwei Kulturkonzepte aufeinandertreffen, sondern Individuen, die eine Interkultur, also dritte Situation entstehen lassen, in der eigene und neue Regeln gefunden werden.[30]

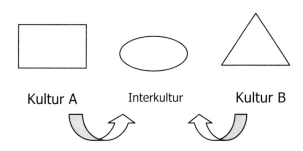

Kultur A   Interkultur   Kultur B

Diese Sichtweise vertritt auch Müller:

> *Forschungen zur interkulturellen Kommunikation müssen also immer als Wirkungsforschung verstanden werden. Damit wird das Verhalten von Personen in interkulturellen Situationen nicht nur aufgrund ihrer eigenkulturellen Sozialisation (kontrastiv) erklärt, sondern auch als Produkt eines wechselseitigen Interpretations- und Anpassungsprozesses, das im Extremfall stark von den in den jeweiligen Einzelkulturen praktizierten Verhaltensnormen abweichen kann (...) und situative Neuschöpfungen zeigt.[31]*

Rollenspiele bieten die Gelegenheit, diese Interkultur zu erfahren. Dabei sind die folgenden Aspekte zu beachten:

- Idealerweise nehmen an den Rollenspielen Personen der jeweiligen Kulturen teil, da sie sich authentischer verhalten als wenn ein Teilnehmer das Kommunikations-verhalten einer anderen Kultur annehmen muss.

---

[29] vgl. Storti, Craig (1994). *Cross-Cultural Dialogues: 74 Brief Encounters with Cultural Difference*. Yarmouth: Intercultural Press, 74
[30] vgl. http://www.consilia-sc.com/Nazarkiewicz%20IKK_FKE_f.pdf
[31] Müller, 2000, 25

- Rollenspiele sollen auf die Erfahrungen und die Lebenssituation der Teilnehmer abgestimmt sein. Beispiele: Verhandlungen im Privatleben (z. B. für Studierende Situationen in einer Wohngemeinschaft), Verhandlungen im Berufsleben (Geschäftsleute), Gesprächssituationen in Behörden (Immigranten), Vorstellungsgespräche (Stellensuchende).
- Die Situation muss ausreichend vorbereitet und erklärt werden.
- Um ein hilfreiches Feedback zu erhalten, z. B. über das adäquate Maß des Selbstmarketings bei Vorstellungsgesprächen, ist es empfehlenswert, dass der Trainer aus der entsprechenden Kultur stammt.
- Feedback des Trainers, eventuell mit Videokamera und mit Beobachtungsbogen für die Teilnehmer (basierend auf *Kommunikationsfaktoren und ihre Wirkung*).

Da das Rollenspiel auf die Lebenserfahrung der Teilnehmer zugeschnitten sein sollte, um ihnen eine Identifikation zu ermöglichen, wurde in diese Sammlung nur ein Beispiel zum Thema Zeitplanung aufgenommen (siehe 3.6.5) aufgenommen.

2.3.8 Das Internet als Informationsquelle und Kommunikationsmittel

Authentische Kommunikationsbeispiele sind ein effektives Mittel, kulturelle Eigenheiten zu untersuchen:

> *Kulturen lassen sich als historisch gewachsene Ergebnisse von Kommunikationsprozessen darstellen, daher sollte ihre Beschreibung auch an konkreten Kommunikationsprodukten orientiert sein. Kulturbeschreibungen, die sich an abstrakten und von außen angetragenen Kategorien orientieren, werden hingegen eher zu Stereotypisierungen neigen, weil die Perspektive und die kulturelle Verankerung des jeweils Beschreibenden in viel stärkerem Maß zum Tragen kommt[32].*

Das Internet macht es möglich, auf eine nahezu unerschöpfliche Auswahl authentischer Kommunikationsbeispielen aus aller Welt zuzugreifen. Besonders geeignet für solche Analysen sind Firmen-Webseiten. Ihre Aufgabe ist es, die Aufmerksamkeit von potentiellen Kunden zu erregen und Kaufwünsche zu wecken. Daher sind sie normalerweise auf die Bedürfnisse und Erwartungen ihres Zielpublikums zugeschnitten und ermöglichen so einen Vergleich des Kommunikationsverhaltens in verschiedenen Kulturen (vgl. Übung 3.7.6).

Auch kann das Internet für ein sogenanntes Webquest, d. h. eine Informationssuche im Internet, herangezogen werden, um sich z. B. über andere Länder und Kulturen, ihre Geschichte, Traditionen oder Essensgewohnheiten zu informieren (siehe Übung 3.3.4).

Mit dem Internet und seinen Möglichkeiten wie Email, Telefonieren und Videokonferenzen können die Teilnehmer authentische Kommunikationssituationen erleben, indem sie mit Lernenden in anderen Ländern kommunizieren oder Projekte bearbeiten. Das kann der Austausch über bestimmte Aspekte ihrer Lebensumstände

---

[32] Bolten, 2001, 22

sein oder im Bereich Marketing der Vergleich von Werbung für bestimmte Produkte in den jeweiligen Ländern. Diese Aktivitäten sind realistisch und erfahrungsorientiert und können interdisziplinär gestaltet werden, sie verlangen allerdings die Abstimmung des Lehrplans und volle Unterstützung der Lehrenden.

2.3.9 Kulturschock

Mit Kulturschock wird sowohl die Schock- bzw. Stressphase im Rahmen des Akkulturationsprozesses verstanden als auch der gesamte Prozess der Kulturkrise bzw. der Angleichung an eine nicht gewohnte Umgebung. Der Begriff stammt aus der Kulturanthropologie und Psychologie und wurde von Kalvero Oberg in den 50er Jahren geprägt.[33]

Die Fallstudie *Leben in einem anderen Land* (3.8) behandelt die Symptome des Kulturschocks und bietet eine Diskussionsgrundlage darüber, wie die zweite Phase bzw. dritte Phase des Kulturschocks überwunden werden kann.

Oberg hat fünf Phasen des Kulturschocks identifiziert, die wellenförmig verlaufen:[34]

1. Phase: Euphorie – Orientierungsphase
   Man ist nur Zuschauer in der fremden Kultur und man macht sich voller Freude daran, die neue Umgebung zu erkunden. Unterschiede werden als interessant und exotisch wahrgenommen.

2. Ernüchterung - Orientierungslosigkeit
   Es treten die ersten Probleme und Kontaktschwierigkeiten auf, die sonst gewohnten Verhaltensweisen und Strategien sind nicht erfolgreich und man fühlt sich verwirrt und verunsichert.

3. Phase: Eskalation
   Man fühlt sich ohnmächtig, da man nicht auf die vertrauten Orientierungs- und Bestätigungssysteme zurückgreifen kann. Die Überwindung dieser Phase ist entscheidend für das Zurechtkommen in einer anderen Kultur. In dieser Phase sondert man sich ab, man lehnt die neue Kultur ab und verherrlicht oft die eigene Kultur.

4. Phase: Missverständnisse
   Konflikte werden als Ergebnis kultureller Unterschiede wahrgenommen.

5. Phase: Verständigung
   Die unterschiedlichen kulturellen Regeln und Verhaltensweisen werden verstanden, akzeptiert und angewendet, d. h. es findet eine gewisse Anpassung an die neue Kultur statt.

---

[33] http://www.sw2.euv-frankfurt-o.de/VirtuLearn/hs.sommer00/iwk/luento.1.html
[34] vgl. http://www.transkulturellesportal.com/index.php?option=com_content&view=article&id=85&Itemid=92

Es müssen dabei nicht immer alle Phasen durchlaufen werden. Häufige Symptome eines Kulturschocks sind u. a. Niedergeschlagenheit, Melancholie, Isolierung, vermindertes Selbstbewusstsein, Wut, Unsicherheit und Identitätskrisen.[35]

2.3.10 Seminarabschlussmethoden, Feedback und Evaluation (Kapitel 3.9)

Die Ziele von Methoden am Ende des Seminars, sogenannte Seminarabschlussmethoden, sind:

- Feedback und Evaluation für die Teilnehmer und den Trainer

- Gedächtnissicherung wichtiger Seminarelemente für die Teilnehmer

Von zahlreichen möglichen Seminarabschlussübungen werden drei vorgestellt, die auch für interkulturelle Seminare geeignet sind. *Aquarium* (3.9.1) und *Metaphern zeichnen* (3.9.2) sind Aktivitäten, um Feedback einzuholen. *Aquarium* ermöglicht es, Diskussionen zu strukturieren und in einer kleineren Gruppe eine Diskussion zu führen, die in der Gesamtgruppe nicht möglich wäre. Die Metapherübung regt zur kreativen Auseinandersetzung mit dem Seminarerlebnis an, gibt Anregungen für ein Gespräch und stellt durch die bildhafte Darstellung oft neue Blickwinkel zum Thema heraus. *Post-it* (3.9.3) ist ein Beispiel für eine Erinnerungsübung der Seminarinhalte.

3. Übersicht über die Methoden und ihre Beschreibung

Im zweiten Teil dieses Buches wird eine Sammlung verschiedener Methoden für den Einsatz im interkulturellen Erwachsenenunterricht vorgestellt.

Bei den Methoden ist die jeweilige Quelle bzw. der Autor angegeben, soweit diese bekannt sind. Wenn für eine Aufgabe ein Textauszug verwendet wurde, wird der Urheber genannt. Bei der Übung *Disteln köpfen*, die sich auf den gesamten Text bezieht, wurde der Link im Internet angegeben.

Bei den *Kritischen Begegnungen*, Rollenspielen oder Fallstudien handelt es sich um allgemein eingesetzte Methoden, die sich nicht auf einen bestimmten Urheber zurückführen lassen. Was die eigentliche Umsetzung angeht, so stammen die *Kritischen Begegnungen*, Rollenspiele, interkulturellen Dialoge und die Fallstudie von mir und sind meinem Erfahrungsbereich entnommen. Es lässt sich jedoch nicht ausschließen, dass sich ein ähnlicher Fall auch an einem anderen Ort zugetragen hat.

Ebenso habe ich die Kriterien für die Analysen, Fragebögen und die Beschreibung von Kommunikationsfaktoren erstellt und die Zusammenstellung der Sprichwörter über die Zeit vorgenommen.

---

[35] vgl. http://www.wissen.de/wde/generator/wissen/ressorts/karriere/arbeit_im_ausland/knigge/index,page=1304502.html

Die Methoden und ihre Beschreibung

Sozialform:
☺ = Einzelübung, ☺☺ = Partnerübung ☺☺☺ = Kleingruppe, P = Plenum

Zielgruppe:
Mu = Multikulturell: Es ist vorteilhaft, dass Teilnehmer aus zwei oder mehr Kulturen an der Aktivität teilnehmen; **A** = Allgemein einsetzbar

TN = Teilnehmer/innen, **M** = Moderator/in, Trainer/in

Spiel/Aktivität	Methode	Sozial-form	Ziel-gruppe
3.1 Eisbrecher			
3.1.1 Fünf Fragen	Frage- und Antwortspiel	P	A
3.1.2 Begrüßungen	Bewegungsspiel	P	Mu
3.1.3 Lebendes Domino	Bewegungsspiel	P	A
3.2 Was ist Kultur?			
3.2.1 Die ersten Tage in einer anderen Kultur	Fantasiereise	☺ + P	A
3.2.2 Analyse von Tourismusvideos	Werbeanalyse	☺ + P	A
3.2.3 Behauptungen über Kultur	Diskussion	P	A
3.3 Meine Kultur – deine Kultur			
3.3.1 Feste und Traditionen in meiner Kultur	Collage oder Präsentation	☺, ☺☺, ☺☺☺	Mu
3.3.2 Essen und Trinken in meiner Kultur	Fragebogen und Präsentation	☺ oder ☺☺☺	Mu
3.3.3 Tischsitten im Jemen	Textinterpretation	☺ + P	A
3.3.4 Religionen und Speisen (englische Quellen)	Webquest	☺☺☺ + P	A
3.3.5 Gesten raten	Pantomime	☺☺☺	Mu
3.4 Wer bin ich? **Rollen, die man im Leben spielt**			
3.4.1 Ich bin...	Gedicht	☺	A
3.4.2 Ich als Baum	Zeichenspiel	☺	A
3.4.3 Biographische Landkarte	Zeichenspiel	☺	A
3.5 Stereotype und Vorurteile			
3.5.1 Assoziationen	Schreibspiel	☺ + P	A
3.5.2 Der erste Eindruck	Bildbetrachtung	☺ + P	A

Spiel/Aktivität	Methode	Sozial-form	Ziel-grup-pe
3.5.3 In-Group und Out-Group	Diskussion	☺ ☺ + P	A
3.5.4 Disteln köpfen	Textanalyse	☺ + P	A
3.5.5 Vorurteile durch Label	Simulation	☺ ☺ ☺	A
3.6 Umgang mit der Zeit			
3.6.1 Umgang mit der Zeit	Partnerinterview	☺ ☺	Mu
3.6.2 Zeitmetaphern	Zeichenspiel	☺ + P	Mu
3.6.3 Sprichwörter über die Zeit	Thesenrundgang	☺ ☺ ☺ + P	A
3.6.4 Mono- oder polychron?	Quattro	P	A
3.6.5 Gruppenreise	Rollenspiel	☺ ☺ + P	A
3.7 Kommunikationsfaktoren und ihre Wirkung			
3.7.1 Small Talk	Simulation	☺ ☺ ☺ + P	A
3.7.2 Wie wirken unterschiedliche Kommunikationsfaktoren?	Reflexion	☺ ☺ + P	A
3.7.3 Kritische Begegnungen	Analyse von *Critical Incidents*	☺ ☺ ☺ + P	A
3.7.4 Interkulturelle Dialoge	Analyse	☺ ☺ ☺ + P	A
3.7.5 Firmenwebsites	Analyse	☺ ☺ ☺ + P	A
3.8 Kulturschock			
Leben in einem anderen Land	Fallstudie	P	A
3.9 Feedback und Evaluation, Seminarabschlussmethoden			
3.9.1 Aquarium	Reflexion	P	A
3.9.2 Metapher zeichnen	Zeichenspiel	☺ + P	A
3.9.3 Post-it	Erinnerungsspiel	☺	A

3.1 Eisbrecher

3.1.1 Fünf Fragen

Ziel	Eisbrecher/Kennenlernübung
Methode	Frage- und Antwortspiel
Sozialform	Plenum oder Gruppen
Anzahl von TN	4 – 20
Benötigtes Material	Tafel oder Flipchart
Zielgruppe	A
Quelle	An der VHS eingesetzte Methode, Urheber nicht bekannt

Aufgabe:

Ein TN schreibt fünf Orte bzw. Zahlen oder Jahreszahlen an die Tafel, die sich auf ihn beziehen. Die Gruppe versucht herauszufinden, was diese Daten bedeuten. Dann ist der nächste TN an der Reihe.

Der Vorteil dieser Übung ist, dass die TN selbst entscheiden können, was sie über sich erzählen möchten.

3.1.2 Begrüßungen

Ziel	Eisbrecher/Kennenlernübung
	Erkennen von Unterschieden und Gemeinsamkeiten auf der *perceptas*-Ebene
Methode	Bewegungsspiel
Sozialform	Plenum oder Gruppen
Anzahl von TN	6+
Zielgruppe	Mu
Zu beachten	Da es bei dieser Übung zu Berührungen kommt, ist sie eventuell nicht für alle Kulturgruppen geeignet.
Quelle	Methode basierend auf
	Brander, Pat (1995): *all different all equal education pack.* Strasbourg: European Youth Centre Youth Directorate, wurde abgeändert.

Aufgabe

Jeder TN begrüßt die anderen auf die in seiner Kultur in dieser Situation typische Weise.

Danach findet ein Austausch über die Begrüßungen in den jeweiligen Kulturen in verschiedenen Situationen statt.

Buchtipp (englisch)

Lundmark Torbjorn (2009) *Tales of Hi and Bye: Greeting and Parting Rituals Around the World*. Cambridge University Press

3.1.3. Lebendes Domino

Ziel	Eisbrecher
	Kennenlernübung
	Erkennen von Unterschieden und Gemeinsamkeiten
Methode	Bewegungsspiel
Sozialform	Plenum
Anzahl von TN	8+
Zielgruppe	A
Quelle:	Brander, Pat (1995): *all different all equal education pack.*
	Strasbourg: European Youth Centre Youth Directorate, S. 72

Aufgabe

1. Die TN stehen im Raum. Ein TN fängt an, indem er zwei Dinge anspricht, die ihn charakterisieren oder interessieren, z. B. „Ich fahre gerne Rad." (TN streckt seinen linken Arm aus) und „Ich habe eine Schwester." (TN streckt den rechten Arm aus.)

2. Eine Person, die diese Eigenschaft teilt, stellt sich neben den TN auf die linke Seite und eine Person, auf die die andere Eigenschaft zutrifft, auf die rechte Seite.

3. Nun geben diese beiden Personen jeweils eine neue Eigenschaft oder ein anderes Interesse an. Personen mit der entsprechenden Eigenschaft stellen sich neben sie.

3. Wenn sich für eine Eigenschaft niemand findet, muss sie entsprechend abgeändert werden, z. B. „Ich habe einen Bruder." zu „Ich habe Geschwister."

5. Die Übung ist beendet, wenn alle TN im Kreis stehen.

3.2 Was ist Kultur?

3.2.1 Die ersten Tage in einer anderen Kultur - Fantasiereise

Ziel	Reflexion über Kulturfaktoren
Methode	Fantasiereise
Sozialform	Einzelübung + Diskussion im Plenum
Anzahl von TN	bis 20
Benötigtes Material	Meditative Musik
Zielgruppe	A
Quelle	Adaptiert von
	http://www1.bpb.de/methodik/J4X0OC,0,0,Anzeige_einer_Methode.html?mid=227

Aufgabe
Die TN setzen sich bequem hin und schließen die Augen.
M spielt meditative Musik und spricht dann langsam die folgenden Sätze:

Stellen Sie sich vor, Sie besuchen ein Land oder eine andere Kultur zum ersten Mal. Vielleicht erinnern Sie sich an eine Reise, die Sie schon gemacht haben oder Sie stellen sich ein Land vor, in das Sie gerne reisen möchten.

Sie kommen am Bahnhof oder Flughafen an und verlassen ihn. Dabei durchschreiten Sie ein Tor. Wie sieht es vor dem Bahnhof oder Flughafen aus? Welches Transportmittel benutzen Sie dann? Was sehen auf dem Weg? Wie sind die Menschen gekleidet? Welche Sprache sprechen sie? Wie sehen die Häuser aus? Welche Geräusche hören Sie? Wie riecht es?

Sie gehen jetzt zu Ihrer Unterkunft. Wo ist sie? Wie ist sie eingerichtet? Wer lebt dort?

Wie werden Sie den Abend gestalten? Wohin gehen Sie? Was werden Sie zu Abend essen? Wie sieht es an dem Ort nach dem Dunkelwerden aus?

Sie kommen jetzt wieder zurück und durchschreiten dabei das Tor.

3.2.1 Die ersten Tage in einer anderen Kultur - Fantasiereise

Laut der Methodenbeschreibung von bpb ist es wichtig, dass die Teilnehmer ein Tor durchschreiten. Am Tor kann jeder entscheiden, ob er weitergehen möchte. Zudem ist durch dieses Überschreiten einer „Grenze" gesichert, dass Fantasiewelt und Realität deutlich voneinander getrennt wahrgenommen werden können. Bei der Rückkehr wird dieses Tor wieder durchschritten. So bleiben mögliche negative Erfahrungen in der Fantasiewelt und stellen keine Gefahr mehr dar[36].

Auswertung
Nach einer Pause stellt M die Musik leise und lässt die TN zu sich kommen. Danach findet ein Austausch statt, welche Kulturfaktoren schnell zu erkennen sind und welche Faktoren nicht auf den ersten Blick ersichtlich sind (= kultureller Eisberg).

Filmtipp
In dem Film „Outsourced" wird in einer der Anfangsszenen ein ähnliches Erlebnis dargestellt: Der amerikanische Protagonist kommt in Indien an und bekommt seine ersten Eindrücke von dem fremden Land.

---

[36] vgl. http://www.bpb.de/methodik/J4X0OC,0,0,Anzeige_einer_Methode.html?mid=227

3.2.2 Analyse von Tourismusvideos

Ziel	Reflexion über Kulturfaktoren
Methode	Inhaltsanalyse von Werbung
Sozialform	Analyse in Einzelarbeit + Diskussion im Plenum
Anzahl von TN	bis 20
Benötigtes Material	Computer mit Internetanschluss, Beamer
Zielgruppe	A
Quelle	Christine Röll

Aufgabe

Es werden verschiedene Tourismuswerbevideos ausgewählt und analysiert. Wenn man in Utube „Tourism + *Land (z. B. India)* "eingibt, ist leicht entsprechendes Material zu finden.

Mögliche Fragen:

- Wie sehen die Menschen aus?

- Bei welchen Aktivitäten werden sie gezeigt?

- Welche Kleidung tragen sie?

- Wie sehen die Gebäude aus?

- Welche Landschaften werden gezeigt?

- Welches Bild wird von dem Land vermittelt?

- Welche Stimmungen werden erzeugt und welche Assoziationen werden geweckt?

3.2.3 Behauptungen über Kultur

Ziel	Reflexion über Kultur
Methode	Diskussion
Sozialform	Plenum
Anzahl von TN	Beliebig
Benötigtes Material	Arbeitsblatt
Zielgruppe	A
Quelle	Zusammenstellung der Kriterien: Christine Röll

Aufgabe
M teilt das Arbeitsblatt **Behauptungen über Kultur** aus. Die TN schreiben einen Kommentar zu jeder Behauptung.

Auswertung
Diskussion im Plenum

3.2.3 Arbeitsblatt - Behauptungen über Kultur

Kommentieren Sie die folgenden Behauptungen:

Nicht alle Aspekte einer Kultur sind unmittelbar sichtbar.
Angehöriger verschiedener Kulturen interpretieren die Welt unterschiedlich, d. h. es gibt keine objektive Form der Interpretation.
Wir erlernen kulturelles Verhalten von unserem sozialem Umfeld.
Es gibt bestimmte Standards, nach denen man das Verhalten von Angehörigen einer Kultur vorhersagen kann.
Kulturelles Verhalten wird vererbt.
Minderheiten sollten sich völlig an die Mehrheitskultur assimilieren.
Angehöriger anderer Kulturen verhalten sich oft irrational.
Nicht alle Kulturen sind gleichwertig.

3.2.3 Kommentare für Trainer - Behauptungen über Kulturen

Nicht alle Aspekte einer Kultur sind unmittelbar sichtbar. Wie bei einem Eisberg sind manche Faktoren, wie z. B. Werte, Einstellungen nicht sofort zu erkennen und zu verstehen.
Angehöriger verschiedener Kulturen interpretieren die Welt unterschiedlich, d. h. es gibt keine objektive Sichtweise der Welt. Die Art und Weise, wie wir die Welt interpretieren, ist kulturgeprägt, z. B. welches Verhalten höflich oder unhöflich ist.
Wir erlernen kulturelles Verhalten von unserem sozialem Umfeld. Kultur ist nicht angeboren, sondern wird von der Familie, den Freunden, in der Schule, etc. erlernt.
Es gibt bestimmte Kulturstandards, nach denen man das Verhalten von Angehörigen einer Kultur vorhersagen kann. Es gibt Untersuchungen (z. B. Hofstede), die bei einer großen Anzahl von Angehörigen einer Kultur bestimmte Verhaltens*tendenzen* ausmachen, es ist aber nicht möglich, damit das Verhalten von Individuen zu bestimmen, da auch andere Faktoren wichtig sind, z. B. Charakter oder persönliche Erfahrungen und der interkulturellen Situation. Außerdem geben die Kulturstandards keine konkreten Hinweise darauf, welche Verhaltensformen sich daraus ableiten lassen.
Kulturelles Verhalten wird vererbt. Kulturelles Verhalten wird erlernt und ist nicht genetisch bestimmt.
Minderheiten sollten sich völlig an die Mehrheitskultur assimilieren. Heute fordert man eher Respekt für Vielfalt und für die Schaffung multikultureller Gesellschaften, die im Rahmen bestimmter Gesetze, die ausgehandelt werden müssen, zusammenleben.
Angehöriger anderer Kulturen verhalten sich oft irrational. Man muss den Beweggrund für das Handeln anderer Menschen erkennen, um die Rationalität ihres Handelns zu begreifen.
Nicht alle Kulturen sind gleichwertig. Eine Kultur als Standard anzusehen, von der aus alle anderen beurteilt werden ist ethnozentrisch. Kulturen sind relativ, es gibt keine objektiven Kriterien, nach denen man beurteilen kann, dass eine Kultur besser als eine andere ist.

3.3 Meine Kultur – deine Kultur

3.3.1 Feste und Traditionen in meiner Kultur

Ziel	Informationsaustausch über Feste und Bräuche
Methode	Präsentation bzw. Collage
Sozialform	Einzelarbeit oder Kleingruppe
	Präsentation im Plenum
Benötigtes Material	Computer mit Internetzugang + Drucker
Zielgruppe	Mu
Quelle	Christine Röll

Aufgabe

Die Teilnehmer erstellen eine Präsentation über die Feste und Gebräuche im Jahresablauf in ihrer Kultur. Die entsprechenden Informationen und Bilder erhalten sie aus dem Internet.

Als Alternative können sie auch eine Collage mit Bildern aus Broschüren oder vom Internet erstellen.

Auswertung

Präsentation und Diskussion im Plenum

3.3.2 Essen und Trinken in meiner Kultur

Ziel	Erkennen, dass es bei der Essenskultur unterschiedliche Normen und Gewohnheiten gibt
Methode	Fragebogen und Präsentation
Sozialform	Einzelarbeit oder Kleingruppe
	Präsentation im Plenum
Anzahl von TN	1-5 pro Zielgruppe
Benötigtes Material	pro kulturelle Gruppe: beiliegender Fragebogen
Zielgruppe	Mu
Quelle Fragebogen	Christine Röll

Aufgabe

Die TN werden in Zielgruppen je nach ihrer Nationalität eingeteilt und erhalten die beiliegende Liste mit Fragestellungen über die Ess- und Trinkgewohnheiten in ihrer Kultur. Sie beantworten diese Fragen auf dem beiliegenden Arbeitsblatt.

Alternative: Reporterspiel

Jeder TN erhält eine oder zwei Fragen. Die TN gehen umher und interviewen sich gegenseitig. Danach Feedback im Plenum

Auswertung

Präsentation der Ergebnisse im Plenum

Zusätzliche Fragen:

- Wie wirkt es auf mich, wenn jemand sich beim Essen „falsch" verhält?

- Wie kann ich mich über die Ess- und Trinkgewohnheiten in einem anderen Land informieren?

3.3.2 Essen und Trinken in meiner Kultur

Fragebogen

1. das Frühstück
   - Wo frühstückt man?
   - Was frühstückt man?
   - Wann frühstückt man?

2. das Mittagessen
   - Wann isst man zu Mittag?
   - Was isst man?
   - Wie viele Gänge gibt es?
   - Wo isst man zu Mittag?

das Abendessen
   - Wann isst man zu Abend?
   - Was isst man?
   - Wie viele Gänge gibt es?
   - Wo isst man zu Abend?

4. Gibt es weitere Mahlzeiten?

5. Gibt es etwas, das man immer am Anfang oder Ende einer Mahlzeit sagt? (z. B. „Guten Appetit")

6. Welches Verhalten bei Tisch ist unhöflich oder zeigt schlechte Manieren?

7. Wie reagiert man, wenn einem etwas zu essen oder ein Nachschlag angeboten wird?

8. Wie zeigt man, dass man satt ist und nichts mehr essen will?

9. Trinkt man etwas zum Essen und was?

10. Gibt es Nahrungsmittel, die immer zu den Mahlzeiten gegessen werden (z. B. Brot)?

11. Kann man alkoholische Getränke nur an bestimmten Orten kaufen und konsumieren?
    Gibt es Orte, an denen man alkoholische Getränke nicht konsumieren darf?

12. Welches Obst und Gemüse gibt es?

13. Hat die Religion Einfluss auf die Ess- oder Trinkgewohnheiten?

14. Wie bezahlt man, wenn man mit mehreren Leuten zum Essen oder in eine Kneipe geht? (getrennt oder zusammen)

15. Gibt man Trinkgeld im Restaurant und wie viel?

3.3.3 Tischsitten im Jemen

Ziel	Erkennen, dass es bei der Essenskultur unterschiedliche Normen und Gewohnheiten gibt
Methode	Textinterpretation
Sozialform	Einzelarbeit oder Kleingruppe
	Diskussion im Plenum
Anzahl von TN	1-5 pro Gruppe
Benötigtes Material	pro Gruppe: ein Text
Zielgruppe	A
Zu beachten:	Es werden ausreichende Deutschkenntnisse benötigt
Quelle:	Text nach Kabasci, Kirstin (2003): *KulturSchock Jemen*. Bielefeld: Reise-Know-How-Verlag

Aufgabe
Die TN lesen den Text und beantworten die Fragen.

Auswertung
Besprechung im Plenum

3.3.3 Arbeitsblatt - Tischsitten im Jemen

Egal ob beim Familien-Festtagsschmaus oder in der Garküche: Zumeist werden die Teller und Platten in Rekordgeschwindigkeit leergeputzt. Essensgeräusche sind durchaus erlaubt, sie zeigen schließlich, dass es schmeckt – natürlich gelten diese Sitten nicht in einem Nobel-Restaurant.

Zu nahezu allen Gerichten wird ein großer Stapel Weißbrot aufgetischt, denn Brotstücken ersetzen Gabel und Löffel – quasi als Einwegbesteck. Man formt aus einem abgerissenen Stückchen Brot eine mundgerechte „Schaufel" oder nutzt es wie eine „Zange" und klemmt die Speisen hinein. Brotstücke sollten nur einmal in das Essen getaucht werden und sind dann mitzuessen.

Wie in allen arabischen Ländern führt man nur die Finger der rechten Hand zum Mund, da die linke der Reinigung nach dem Toilettengang dient. Zudem isst dem Volksglauben nach nur der Teufel mit der Linken. Dennoch können mit dieser Hand Speisen festgehalten oder abgerissen werden.

Sollte man in die Situation kommen, ohne Besteck oder Brot mit den Fingern zu essen, so macht man dies am elegantesten, indem man aus der Speise – auch aus Reis, neben Brot die zweitwichtigste Beilage – einen mundgerechten Klumpen formt, ihn auf die Fingerspitzen der rechten Hand legt und mit dem Daumen in den Mund schiebt. Dass dabei die ganze Hand klebrig wird, ist normal, ein verschmierter Mund dagegen ist nicht akzeptabel.

Beim Essen aus einer Schüssel oder von einer Platte hat jeder quasi sein „eigenes Revier", aus dem er sich Speisen auflädt. Einmal quer über die Platte reichen und sich am anderen bedienen, wo womöglich schon jemand anderes zugegriffen hat, wäre nicht salonfähig.

In Privathäusern wird gewöhnlich auf dem Fußboden im Hocken gespeist, die vielen Teller und Schüsseln stehen auf einer großen Plastikfolie. Gerne werden dem Gast die besten Stücke angeboten, die der Höflichkeit halber angenommen werden sollten. Wenn beim Essen Reste auf die Plastikdecke fallen ist dies reichlich egal. In Restaurants, Garküchen und Teestuben stehen vorwiegend Tische, es gibt aber auch Lokale, in denen man auf de Erde sitzt.

Eine Redewendung, welche das Essen sozusagen „offiziell" beendet, lautet arabisch der Lobpreis für Gott. Unmittelbar nach dem Essen steht jeder auf und geht sich waschen. Danach kehrt man zurück, um gemeinsam Tee zu trinken.

Text nach Kabasci, Kirstin (2003). *KulturSchock Jemen.* Bielefeld: Reise-Know-How-Verlag

Fragen:
1. Welches Verhalten ist im Jemen unhöflich oder tabu?

2. Welche Tischsitten wären für Sie schwierig einzuhalten? Warum?

3.3.4 Religionen und Speisen

Ziel	Erkennen, dass es bei der Essenskultur unterschiedliche Normen und Gewohnheiten gibt
Methode	Webquest (englische Quellen)
	Quellen:
	JOHN BOWKER. "Food and religion." The Concise Oxford Dictionary of World Religions. 1997. Encyclopedia.com. (January 8, 2010). http://www.encyclopedia.com/doc/1O101-Foodandreligion.html
	http://www.faqs.org/nutrition/Pre-Sma/Religion-and-Dietary-Practices.html
Sozialform	Die Kleingruppen bearbeiten jeweils verschiedene Religionen, z. B. Christentum, Islam, Judentum oder Buddhismus
	Auswertung im Plenum
Anzahl von TN	2-5 pro Gruppe
Benötigtes Material	pro Gruppe oder Teilnehmer: Computer mit Internetanschluss
Zielgruppe	A
Zu beachten	Es werden Englischkenntnisse benötigt
Quelle	Webquest ist eine häufig eingesetzte Methode im Sprachunterricht,
	Umsetzung für dieses Thema: Christine Röll

Fragen:
- Welche Nahrungsmittel werden bei Festen gegessen?

- Welche Nahrungsmittel werden als heilig angesehen?

- Welche Nahrungsmittel sind verboten und aus welchen Gründen?

Auswertung

Im Plenum

3.3.5 Gesten raten

Ziel	Bewusstwerden über interkulturelle Unterschiede und Gemeinsamkeiten in der Gestik und Mimik
Methode	Pantomime
Sozialform	Kleingruppenübung
Anzahl von TN	Beliebig
Zielgruppe	Mu
Quelle	Öfters eingesetzte Methode in diesem Bereich, ursprünglicher Autor nicht bekannt

Aufgabe
Die TN stellen in ihrer Kultur gebräuchliche Gesten und Mimik vor, z. B. Ärger, Erstaunen, Warnung, im Restaurant um Rechnung bitten. Die anderen TN erraten, was damit gemeint ist.

Auswertung
Feedback im Plenum. Ist eine Kommunikation basierend auf der Körpersprache immer erfolgreich?

Dabei sollten auch Gesten angesprochen werden, die tabu sind.

,

3.4 Wer bin ich?

3.4.1 Ich bin...

Ziel	Bewusstwerden über die verschiedenen Rollen, die man spielt
Methode	Gedicht
Sozialform	Einzelübung
Anzahl von TN	Beliebig
Benötigtes Material	Papier, Buntstifte
Zielgruppe	A
Umsetzung für dieses Thema	Christine Röll

Aufgabe

Die TN schreiben ein „Gedicht" über die Rollen, die sie spielen und die für sie wichtig sind - in der Familie, im privaten und öffentlichen Leben und ihre Überzeugungen. Das Gedicht dient der Selbstreflexion, es braucht niemand anderem gezeigt werden.

Mögliche Fragen:

Welche Verwandschaftsbeziehungen habe ich?

Welche weitere Beziehungen habe ich?

Welchen Hobbys und Aktivitäten gehe ich nach?

Mit was identifiziere ich mich? Mit was nicht?

Was ist mein Lebensmotto?

Beispiel:

Ich bin Sohn

Ich bin Enkel

Ich bin Bruder

Ich mag Joggen, ganz allein die Natur und ich

Ich bin Kristinas Freund

Ich bin Kollege

Ich bin Vegetarier und Nichtraucher

Ich bin Nichtraucher

Ich bin Europäer

3.4.2 Ich als Baum

Ziel   Selbstreflexion

Methode   Zeichenspiel

Sozialform   Einzelübung

Anzahl von TN   Beliebig

Benötigtes Material   Papier, Buntstifte

Zielgruppe   A

Quelle: Kontaktstudium Erwachsenenbildung Weingarten

Aufgabe
Die TN erhalten ein großes Stück Papier und malen einen Baum mit Wurzeln, Stamm, Ästen, Zweigen, eventuell Blättern und Früchten.

Auswertung:
Was sind die Wurzeln, der Stamm, die Äste...?

Die TN können über ihren Lebensbaum mit einem Partner/einer Partnerin sprechen, müssen aber nicht, wenn sie nicht wollen.

3.4.3 Biographische Landkarte

Ziel	Bewusstwerden des eigenen Lebensweges und der Ziele
Methode	Zeichenspiel
Sozialform	Einzelübung
Anzahl von TN	Beliebig
Benötigtes Material	DIN A3-Papier, Buntstifte
Zielgruppe	A
Quelle:	Helmut Schmid, Seminar „Kreatives Schreiben", München 1996

Aufgabe
Die TN zeichnen ihren bisherigen Lebensweg und ihre Zukunftspläne als Landkarte.

Assoziationen:

Einbahnstraße, Sackgasse, Hauptstraße, Autobahn

Kreuzung

Straßennamen

Landschaften

Gebäude

Auswertung:
- Habe ich neue Erkenntnisse über mich gewonnen?
- Mit welchem Teil der Biographie möchte ich mich jetzt weiter beschäftigen?

Den TN wird freigestellt, ob sie über ihre Landkarte mit anderen TN oder im Plenum sprechen möchten.

3.5 Stereotype und Vorurteile

3.5.1 Assoziationen

Ziel:	Erkennen von Stereotypenbildung und -verhaftung
Methode	Schreibspiel
Sozialform	Einzelarbeit/Diskussion im Plenum
Anzahl von TN	4 – 20
Benötigtes Material	Zettel, Stifte
Zielgruppe	A
Quelle:	Abgeändert nach einer Methode von Rachow, Axel (Hrsg.). (2000): *spielbar.* Köln: managerSeminare, Gerhard May Verlags GmbH, 67

Aufgabe
Jeder TN erhält einen Zettel, mit der Bezeichnung einer Personengruppe je nach Thema, z. B. Amerikaner, Lehrer, Arbeitslose, etc. Er schreibt die Assoziationen, die ihm spontan zu dieser Gruppe einfallen, auf. Danach wird das von ihm Geschriebene weggefaltet, dass es nicht mehr zu sehen ist und der Zettel wird weitergegeben. Die nächste Person schreibt wiederum ihre Assoziationen und gibt das Blatt wieder weiter. Am Ende werden die Zettel entfaltet und die Beiträge vorgelesen und diskutiert.

Vorschläge je nach Zielgruppe:
Angehörige verschiedener
- Nationalitäten
- Regionen
- Berufsgruppen

Auswertung
- Gibt es bei den Charakterisierungen Übereinstimmung?
- Woher kommen diese Vorstellungen?
- Kennen Sie auch Angehörige der Kultur, die dem Klischee nicht entsprechen?

3.5.2 Der erste Eindruck

Ziel	Erkennen von Vorurteilen und Stereotypen
Methode	Bildbetrachtung
Sozialform	Einzelübung, dann Diskussion im Plenum
Anzahl von TN	4 – 16 (nicht zu große Gruppe wegen Rückmeldungen)
Benötigtes Material	Fotos von verschiedenen nicht bekannten Personen
Zielgruppe	A
Quelle	Basierend auf einer Übung von
	Brander, Pat (1995). *all different all equal education pack.*
	Strasbourg: European Youth Centre Youth Directorate, 83

Aufgabe
Jeder TN bekommt ein Foto einer Person (z. B. aus Zeitschriften). Darauf basierend schreibt er einige Vermutungen über die Person, z. B. deren Nationalität, Alter, Herkunft, Beruf, familiäre Situation, etc. Dabei ist es empfehlenswert, dass die Lebenssituation der dargestellten Personen nicht den Stereotypen entspricht.

Danach erhalten die TN die tatsächlichen Informationen über die Personen.

Auswertung
Welche Vorstellungen liegen den Annahmen zu Grunde?

Woher kommen die Vorstellungen?

3.5.3 In-Group und Out-Group

Ziel	Analyse von In-Group-/Out-Group-Beziehungen
Methode	Diskussion
Sozialform	Kleingruppe + Plenum
Anzahl von TN	Beliebig
Benötigtes Material	Arbeitsblatt, Stifte
Zielgruppe	A
Quelle:	Christine Röll, Theorie basierend auf Levine und Campbell (vgl. Seelye, 1995, 68)

Aufgabe
Die TN erhalten ein Arbeitsblatt, das die In-Group- und Out-Group-Beziehungen darstellt. Danach sprechen sie in Kleingruppen darüber.

Auswertung
Auswertung im Plenum

3.5.3 In-Group und Out-Group
Kriterien in Anlehnung an Levine und Campbell (vgl. Seelye, 1995, 68)

Die Angehörigen der In-Group...

- halten sich für überlegen und stark.
- denken, dass ihre Normen richtig und allgemein gültig sind.
- wollen mit In-Group-Institutionen kooperieren.
- wollen Angehörige der In-Group bleiben.
- stereotypisieren die Mitglieder der Out-Group.

Die Ansichten der In-Group über die Out-Group:

- Sie ist hat einen niedrigeren Status.
- Sie ist schwach.
- Die Angehörigen der In-Group möchten nicht mit der Out-Group kooperieren.
- Die Angehörigen der In-Group möchten nicht Angehörige der Out-Group sein.
- Die In-Group macht die Out-Group für ihre Probleme verantwortlich.
- Die In-Group misstraut der Out-Group.

Fragen:

- Welche historischen Out-Groups gibt es?
- Welche Out-Groups gibt es heute?
- Für welche Probleme machen die jeweiligen In-Groups die Out-Groups verantwortlich?

3.5.4 Disteln köpfen

Ziel	Analyse von In-Group-/Out-Group-Beziehungen
Methode	Textanalyse
Sozialform	Einzelübung + Plenum
Anzahl von TN	bis 20
Benötigtes Material	Text *Disteln köpfen*
Zielgruppe	A
Zu beachten:	Es müssen gute Deutschkenntnisse vorhanden sein
Quelle:	Text aus *Die Zeit*
Webadresse:	http://www.zeit.de/2001/23/Disteln_koepfen_goettergleich
	oder in Google eingeben: DIE ZEIT „Disteln köpfen".
	Aufgabenstellung: Christine Röll

Aufgabe
Die TN lesen den Urlaubsbericht und analysieren ihn entsprechend der vorgegebenen Kriterien.

Auswertung
Diksussion im Plenum

3.5.4 Arbeitsblatt zu *Disteln köpfen*

Text unter http://www.zeit.de/2001/23/Disteln_koepfen_goettergleich

Wer gehört laut der Autorin zur In-Group?
Wie beschreibt die Autorin ihre In-Group?
Was sind die Erkennungsmerkmale der In-Group?
Worin liegt die moralische Überlegenheit der In-Group-Mitglieder?
Wer gehört zur Out-Group?
Wie beschreibt die Autorin die Out-Group?
Wie sind die Kontakte zwischen In-Group and Out-Group?
Für welche Probleme macht die Autorin die Out-Group verantwortlich?

3.5.4 Kommentar zu *Disteln köpfen*

Wer gehört laut der Autorin zur In-Group?   Familien mit Kindern
Wie beschreibt die Autorin ihre In-Group? Zumeist alternativ-liberale Akademiker, die dem Massentourismus entkommen wollen. Die Mitglieder der In-Group werden als Individuen beschrieben.
Was sind die Erkennungsmerkmale der In-Group? Der unausgeschlafene Blick, das rechte Knie der Hosen hell geschabt vom ständigen Hinknien, Körper, denen man das Gebären, Schleppen, Klettern und die fehlende Zeit für Bauchmuskeltraining ansieht, bekleidet mit Hemden, bei 60 Grad leicht zu waschen, eine halb gelesene *Süddeutsche* und eine halb leere Saftflasche stets in der Tasche. Schwangere Bäuche.
Worin liegt die moralische Überlegenheit der In-Group-Mitglieder? Kümmern sich nicht um ihr Äußeres (keine Zeit für Bauchmuskeltraining, praktische Kleidung). Opfern sich für die Familie auf (Körper, denen man das Gebären, Schleppen, Klettern... ansieht). Sind intellektuell (alternativ-liberale Akademiker, die die Süddeutsche lesen). Sind nicht an materiellen Werten interessiert. Wollen die Welt verbessern (Theologe, der Altenpflege lehrt, Ingenieur erzählt von Windenergie in der Domenikanischen Republik, ein Mitarbeiter der Grünen in Berlin debattiert über Verbraucherschutz.)
Wer gehört zur Out-Group? Kinderlose
Wie beschreibt die Autorin die Out-Group? Aktivsportler, körperlich fit, haben Zeit für Bauchmuskeltraining. Die Personen in der Out-Group werden kaum individuell beschrieben.
Wie sind die Kontakte zwischen In-Group and Out-Group? Haben fast keine Kontakte. Versuchen, sich aus dem Weg zu gehen.
Für welche Probleme macht die Autorin die Out-Group verantwortlich? Sieht Kinder als Störfaktoren, schuld an dem Problem der Kinderlosigkeit in Deutschland. Wegen ihr fühlen sich Familien in Deutschland bedroht, sie brauchen „Kulturschutz". Ist egoistisch, denkt nur an sich selbst (hat Zeit für Bauchmuskeltraining, Aktivsportler) Die In-Group fühlt sich von der immer größer werdenden Out-Group bedroht, brauchen eigentlich ein „Reservat".

3.5.5 Vorurteile durch Label

Ziel	Erkennen wie Erwartungen das Verhalten von Personen beeinflussen können („Pygmalioneffekt")
Methode	Simulation
Sozialform	Kleingruppe
Anzahl von TN	4-6 pro Gruppe
Benötigtes Material	Papierschild
Zielgruppe	A
Quelle:	Abgeänderte Übung basierend auf Rachow, Axel (Hrsg.). (2000). *spielbar.* Köln: managerSeminare, Gerhard May Verlags GmbH, 141

Aufgabe
Die TN arbeiten in Zweiergruppen. Ihre Aufgabe ist es, sich gegenseitig etwas zu erklären oder beizubringen, z. B. ein paar Worte in einer anderen Sprache, ein Papier auf eine gewisse Art zu falten, etc. Dabei behandelt der „Lehrer" seinen Schüler entsprechend einer Anweisung, die er vorher bekommen hat, z. B. nicht sehr intelligent, unselbstständig, usw.

Auswertung
- Was ist im Laufe der Übung passiert?

- Wie ist es Ihnen ergangen?

- Haben Sie sich als Schüler entsprechend dem Verhalten Ihres Mitmenschen verhalten (Pygmalioneffekt)?

3.6 Umgang mit der Zeit

3.6.1 Umgang mit der Zeit - Partnerinterview

Ziel	Bewusstwerden über den Umgang mit der Zeit
Methode	Partnerinterview
Sozialform	Partnerübung + Plenum
Anzahl von TN	mindestens 6
Benötigtes Material	eine Kopie des Fragebogens pro TN
Zielgruppe	Mu
Quelle	Christine Röll

Aufgabe
Die TN aus verschiedenen Kulturen interviewen sich gegenseitig zu den verschiedenen Fragen und schreiben die Antworten ihres Partners auf.

Danach berichten sie zwei anderen Partnergruppen über ihre Ergebnisse.

Auswertung
M erklärt den TN, dass es in dem Fragebogen um den Umgang mit der Zeit geht

Im Plenum können noch die folgenden Themen diskutiert werden:

- Was sagen die Ergebnisse über die Zeitorientierung der TN aus?

- Welche Probleme können zwischen Menschen verschiedener Zeitorientierung auftreten?

- Wie kann man sich auf die jeweils anders orientierte Person einstellen?

3.6.1 Arbeitsblatt

Partnerinterview über die Zeit

Interviewen Sie Ihren Partner/Ihrer Partnerin mit den folgenden Fragen.
Schreiben Sie die Antworten dann auf das Blatt.

1. Wie lange vorher planen Sie

- was Sie am Wochenende machen?

- einen Urlaub?

- Ihre berufliche Zukunft?

2. Wie oft und in welchen Fällen treffen Sie „spontan" eine Entscheidung?

3. Wie wichtig sind für Sie Termine und Abmachungen?

   Halten Sie sie immer ein?

   - beruflich oder beim Studium

   - privat

4. Was schätzt man in Ihrem Land mehr

- Alter und Erfahrung oder

- Jugend?

5. Sind in Ihrem Land Traditionen wichtig? Welche zum Beispiel?

6. Was ist unpünktlich? In welchen Situationen können Sie unpünktlich sein?

3.6.2 Zeitmetaphern

Ziel	Bewusstwerden über das eigene Zeitverständnis
Methode	Zeichenspiel
Sozialform	Einzelübung + Plenum
Anzahl von TN	4 –10
Benötigtes Material	Papier und Stifte, eventuell Tafel
Zielgruppe	A
Quelle	Basierend auf einer Methode des Kontaktstudiums Erwachsenbildung Weingarten

Aufgabe

Stellen Sie als Metapher oder Bild dar, wie Sie die Zeit bzw. den Verlauf der Zeit empfinden.

Auswertung

Ausstellung und Diskussion im Plenum

3.6.3 Sprichwörter über die Zeit

Ziel	Diskussion von deutschen Zeitvorstellungen
Methode	Thesenrundgang
Sozialform	Zufällige Kleingruppen + Feedback im Plenum
Anzahl von TN	8+
Benötigtes Material	Vergrößerte Thesenplakate
Zielgruppe	A
Zu beachten:	Manche Sprichwörter müssen u. U. erklärt werden.
Quelle:	Basierend auf einer Methode vom Kontaktstudium Erwachsenenbildung an der PH Weingarten Auswahl der Sprichwörter: Christine Röll

Aufgabe

Es handelt sich um in Deutschland allgemein bekannte Sprichwörter.
Die Plakate mit den Sprichwörtern werden vergrößert (ohne die Bedeutung) und an verschiedenen Stellen im Raum aufgehängt. Die TN gehen von Plakat zu Plakat. Sie diskutieren zuerst, was der Spruch bedeutet und sprechen dann mit anderen TN darüber die sich auch vor dem Plakat befinden.

Auswertung
- Feedbackrunde im Plenum
- Gibt es in Ihrem Land ähnliche Sprichwörter?
- Weiterführende Diskussion:
  Welche Probleme können auftauchen, wenn Menschen mit verschiedenen Zeitvorstellungen aufeinander treffen?

3.6.3 Arbeitsblatt Sprichwörter über die Zeit

Sprichwort	Bedeutung ?
Zeit ist Geld.	
Wer nicht kommt zur rechten Zeit, der muss sehen was übrig bleibt.	
Morgenstund hat Gold im Mund.	
Was du heute kannst besorgen, verschiebe nicht auf morgen.	
Eile mit Weile.	
Kommt Zeit kommt Rat.	
Die Zeit heilt alle Wunden.	
Den letzten beißen die Hunde.	

3.6.3 Kommentare zum Arbeitsblatt „Sprichwörter über die Zeit"

Sprichwort	Bedeutung
Zeit ist Geld.	*Zeit wird als etwas Messbares gesehen, dem ein Wert gegeben werden kann.*
Wer nicht kommt zur rechten Zeit, der muss sehen was übrig bleibt.	*Pünktlichkeit*
Morgenstund hat Gold im Mund.	*Frühes Aufstehen, den Tag nutzen*
Was du heute kannst besorgen, verschiebe nicht auf morgen.	*Rasches Erledigen von Aufgaben, kein Aufschieben*
Eile mit Weile.	*Man soll sich die nötige Zeit für eine Aufgabe nehmen.*
Kommt Zeit kommt Rat.	*Mit der Zeit findet sich eine Lösung für ein Problem.*
Die Zeit heilt alle Wunden.	*Kummer und die Trauer über ein Unglück werden mit der Zeit schwächer werden.*
Den letzten beißen die Hunde.	*Konkurrenz, nicht zu spät kommen*

3.6.4 Mono- oder polychron?

Ziel	Die TN erkennen, ob sie eher „monochron" oder „polychron" orientiert sind und welche Denk- und Handlungsweisen daraus resultieren.
Methode	Quattro
Sozialform	Plenum
Anzahl von TN	4 +
Benötigtes Material	Zettel in zwei verschiedenen Farben pro TN + Arbeitsblatt
Zielgruppe	A
Quelle:	Methode basierend auf dem Kontaktstudium Erwachsenenbildung der PH Weingarten
	Kriterien vgl. Seelye, 1995, 25 f
	Umsetzung: Christine Röll

Aufgabe
Die TN erhalten die nachstehende Liste. Den TN wird vorher nicht erklärt, dass es hier um monochrone (a) und polychrone (b) Eigenschaften geht, um sie dadurch nicht zu beeinflussen. Jeder TN erhält zwei verschieden farbige Karten, wobei jede Karte für eine Meinung steht,
z. B. rot für eher „a" und blau für eher „b".

M liest jedes Alternativenpaar vor bzw. zeigt es auf dem OHP. Die TN heben die Karte hoch, die auf sie zutrifft.

Auswertung
Für jeden Punkt wird das Meinungsbild ermittelt.

Feedback
- Gibt es eine Tendenz bei TN der gleichen Kultur? (Auch innerhalb einer Kultur können mono- und polychrone Züge verschieden stark ausgeprägt sein.)
- Klärung der Begriffe „monochron" und „polychron"
- Welche Probleme können bei Umgang zwischen monochronen und polychronen Personen auftreten?
- Wie kann man sich auf diese Situationen vorbereiten und damit umgehen?

3.6.4 Arbeitsblatt Mono- oder polychron?

Fragen

1.
a) Es ist mir unangenehm, jemanden zu stören, z. B. jemanden spät anzurufen,
   auch wenn es sich um einen guten Freund (oder Freundin) handelt.

b) Wenn ich zu jemand eine gute Beziehung habe, so bin ich jederzeit
   für die Person da und sie für mich.

2.
a) Ich halte mich an Termine und Verabredungen und erwarte, dass meine
   Mitmenschen sie auch einhalten.

b) Für mich sind Termine und Zeitpläne eine Orientierung, an die ich versuche,
   mich so gut wie möglich zu halten. Ich erwarte auch nicht von anderen, sich
   daran zu halten.

3.
a) Es macht mich nervös, wenn etwas nicht planmäßig läuft.

b) Ich bin flexibel and spontan und ändere meine Pläne kurzfristig, wenn nötig.

4.
a) Ich möchte mich nur mit einer Sache beschäftigen und sie beenden, bevor ich
   etwas Neues anfange. Dabei möchte ich nicht gestört werden.

b) Ich beschäftige mich oft mit mehreren Dingen gleichzeitig. Ich unterbreche das,
   was ich gerade tue, oft.

5.
a) Ich verleihe nicht gerne Dinge und leihe mir auch ungern etwas von anderen.

b) Es macht mir nichts aus, Dinge zu verleihen und ich leihe mir auch öfters etwas
   von anderen.

3.6.5 Gruppenreise - Rollenspiel

Ziel	Analyse und Erkennen von Problemen in der interkulturellen Kommunikation
Methode	Rollenspiel
Sozialform	Partnerübung und Auswertung im Plenum
Anzahl von TN	2 – 12
Benötigtes Material	Jeweils eine Rollenspielanweisung pro Paar
Zielgruppe	A
Quelle	Christine Röll

Aufgabe:
Die TN spielen das Rollenspiel, eventuell mit einem Beobachter.

Auswertung:
Der Konflikt und seine Ursachen (Planung gegen Spontanität) werden im Plenum besprochen.

Rollenkarten:

Sie sind **Peter/Petra Dessel** und haben eine organisierte Wanderung auf Teneriffa gebucht. Jeden Tag machen Sie eine Wanderung unterschiedlicher Länge in einer anderen Gegend der Insel. Es nervt Sie, dass der spanische Führer/die Führerin Juan/Juana López Ihnen am Abend vorher nicht genau sagen kann, wo die Wanderung am nächsten Tag stattfindet. Sie möchten sich darauf vorbereiten.

Sie sind der spanische Führer/die Führerin **Juan/Juana López** einer deutschen Wandergruppe auf Teneriffa. Jeden Tag machen Sie eine Wanderung unterschiedlicher Länge in einer anderen Gegend der Insel. Peter/Petra Dessel möchte immer von Ihnen wissen, wo Sie am nächsten Morgen wandern. Das machen Sie aber vom Wetter abhängig und davon, wie lange Ihre Frau arbeitet, da Sie ein kleines Kind haben, das von der Betreuung abgeholt werden muss.

3.7. Kommunikationsfaktoren und ihre Wirkung

3.7.1 Small Talk

Ziel	Erkennen der Wirkung von Kommunikationsunterschieden
Methode	Simulation
Sozialform	Partnerübung + Plenum
Anzahl von TN	4 +
Benötigtes Material	Je eine Anweisung pro TN
Zielgruppe	A
Quelle	Christine Röll

Aufgabe
A und B sowie C und D bilden Zweiergruppen und führen die Simulation aus.

Bei dieser Simulation geht es darum, die Wirkung von Unterschieden im Kommunikationsverhalten zu erfahren - Gesprächsthemen, Blickkontakt, Abstand und Sprecherwechsel.

Auswertung
Nach der Simulation kommentieren die TN im Plenum, wie sie die Übung empfunden haben.

Die nachfolgende Übung *Wie wirken unterschiedliche Kommunikationsfaktoren?* (3.7.2) bietet weitere Informationen zu dem Thema Kommunikation.

3.7.1 Smalltalk – Simulationskarten

A1	B1
Small Talk Wichtig: Zeigen Sie Ihrem Partner **nicht** diese Anweisungen! Plaudern Sie mit einem anderen Gruppenmitglied, das Sie noch nicht gut kennen. Versuchen Sie so viel wie möglich über die andere Person herauszufinden, besonders über ihre Familie. Das Gespräch sollte ungefähr zwei Minuten dauern.	Small Talk Wichtig: Zeigen Sie Ihrem Partner **nicht** diese Anweisungen! Vermeiden Sie während des Gesprächs Blickkontakt mit Ihrem Partner. Plaudern Sie mit einem anderen Gruppenmitglied (ungefähr zwei Minuten). Sie können über jedes Thema reden, aber versuchen Sie so wenig wie möglich über Ihre Familie zu erzählen.
A2	B2
Small Talk Wichtig: Zeigen Sie Ihrem Partner **nicht** diese Anweisungen! Plaudern Sie mit jemand, den Sie noch nicht gut kennen. Sitzen oder stehen Sie näher bei Ihrem Gesprächspartner, als Sie das normalerweise tun würden. Das Gespräch sollte ungefähr zwei Minuten dauern.	Small Talk Wichtig: Zeigen Sie Ihrem Partner **nicht** diese Anweisungen! Reagieren Sie nicht sofort auf die Bemerkungen oder Antworten Ihres Gesprächspartners. Reagieren Sie erst nach ein paar Sekunden.

3.7.2 Wie wirken unterschiedliche Kommunikationsfaktoren?

Ziel	Erkennen von Problemen in der interkulturellen Kommunikation und Erproben von Kommunikationsstrategien
Methode	Reflexion
Sozialform	Partnerarbeit und Plenum
Anzahl von TN	6 – 20
Benötigtes Material	Kopie der beiden Arbeitsblätter *Kommunikationsfaktoren und ihre Wirkung*
Zielgruppe	A
Quelle	Christine Röll

Aufgabe

M erklärt die unterschiedlichen Arten der Kommunikation und geht auf unterschiedliche Werte und Einstellungen ein (Übersicht auf dem folgenden Arbeitsblatt). Daraufhin arbeiten die TN in Zweiergruppen.

Auswertung

Danach werden die Kommunikationssituationen im Plenum besprochen.

3.7.2 Arbeitsblatt 1 Kommunikationsfaktoren und ihre Wirkung

1. Unterschiede in der Kommunikation

Verbale Kommunikation: Was man sagt, welche Worte und Strukturen man wählt

- Direktheit (Aufrichtigkeit und Offenheit) oder Harmonie (Situationen, die einen möglichen Gesichtsverlust hervorrufen können, z. B. Kritikausübung, werden vermieden)
- Formeller oder informeller Umgang (z. B. duzen oder siezen)
- Humor

Paraverbale Kommunikation: Wie man die Stimme einsetzt
- Lautstärke
- Intonation (Sprachmelodie)
- Sprechtempo
- Tonhöhe
- Sprecherwechsel (Pausen, Überlappungen zwischen den Gesprächsteilnehmern)

Nonverbale Kommunikation: Körpersprache
- Abstand
- Berührungen
- Blickkontakt
- Körpersprache, Gesten

3.7.2 Arbeitsblatt 2 Kommunikationsfaktoren und ihre Wirkung

Welchen Eindruck hinterlässt dieses Verhalten?

Verbale Kommunikation

A denkt, dass Aufrichtigkeit und Offenheit wichtig sind	B denkt, dass Harmonie wichtig ist
A denkt über B:	B denkt über A:

A ist formeller bei der Anrede, zurückhaltender gegenüber Fremden und Ranghöheren	B ist weniger formell
A denkt über B:	B denkt über A:

A ist humorvoller	B ist weniger humorvoll
A denkt über B:	B denkt über A:

Paraverbale Kommunikation

A stärkere Intonation (Sprachmelodie)	B weniger Intonation
A denkt über B:	B denkt über A:

A schnellerer Sprecherwechsel	B langsamerer Sprecherwechsel
A denkt über B:	B denkt über A:

Non-verbale Kommunikation

A mehr Körpersprache und Berührungen	B weniger Körpersprache und Berührungen
A denkt über B:	B denkt über A:

A mehr Blickkontakt	B weniger Blickkontakt
A denkt über B:	B denkt über A:

3.7.2 Kommunikationsfaktoren und ihre Wirkung – Mögliche Antworten

Verbale Kommunikation

A denkt, dass Aufrichtigkeit und Offenheit wichtig sind	B denkt, dass Harmonie wichtig ist
A denkt über B: - Er widerspricht nicht, er ist einverstanden. - Er ist nicht ehrlich, er sagt nicht, was er denkt	B denkt über A: - unhöflich - auf Konfrontation aus

A ist formeller	B ist weniger formell
A denkt über B: - Er möchte sich mit mir anfreunden - Er ist respektlos	B denkt über A: - kalt, unfreundlich - mag mich nicht

A ist humorvoller	B ist weniger humorvoll
A denkt über B: - humorlos. langweilig	B denkt über A: - Er nimmt die Arbeit nicht ernst. - Er macht sich über mich lustig.

Paraverbale Kommunikation

A stärkere Intonation	B weniger Intonation
A denkt über B: - langweilig - herrisch (Kommandoton) - unfreundlich	B denkt über A: - affektiert - aufgeregt

A schnellerer Sprecherwechsel	B langsamerer Sprecherwechsel
A denkt über B: - langsam - will nicht antworten - weiß Antwort nicht, ich brauche nicht auf eine Antwort warten	B denkt über A: - rücksichtslos - nicht wirklich an meiner Meinung interessiert

Non-verbale Kommunikation

A mehr Körpersprache und Berührungen	B weniger Körpersprache und Berührungen
A denkt über B: - kalt - reserviert - nicht interessiert	B denkt über A: - theatralisch - indiskret

A mehr Blickkontakt	B weniger Blickkontakt
A denkt über B: - schüchtern - hat kein Interesse - unhöflich	B denkt über A: - respektlos - unhöflich

3.7.3 Kritische Begegnungen (Critical Incidents)

Ziel	Analyse und Erkennen von Problemen in der interkulturellen Kommunikation
Methode	Analyse von „Critical Incidents"
Sozialform	Kleingruppen und Plenum
Anzahl von TN	5 – 20
Benötigtes Material	Ein Arbeitsblatt pro Gruppe
Zielgruppe	A
Quelle	*Critical Incidents* werden in den USA in der interkulturellen Trainingsliteratur seit den Achtziger Jahren angewendet. Diese *Critical Incidents* stammen von Christine Röll

Aufgabe
Die TN besprechen die kritischen Begegnungen in ihrer Gruppe.

Auswertung
Es findet eine Diskussion im Plenum statt und es werden die verschiedenen möglichen Ursachen der Missverständnisse diskutiert.

Haben die TN eigene Erfahrungen mit kritischen interkulturellen Situationen gemacht?

3.7.3 Arbeitsblatt Kritische Begegnungen (Critical Incidents) - Einführung

Nachstehend werden einige interkulturelle Begegnungen beschrieben, die wirklich stattgefunden haben. Bei diesen Begegnungen ist es zu Missverständnissen gekommen. Analysieren Sie jede Begegnung. Warum ist es zu dem Missverständnis gekommen? Sie können auch mehrere Hypothesen anstellen.

- *Wegen unterschiedlicher Kommunikationsstrategien? (siehe 3.7.2)*
- *Wegen unterschiedlicher kultureller Werte oder Einstellungen:*
  - *Personenbezogenheit – Personen stehen im Vordergrund und nicht die zu erfüllende Aufgabe verglichen mit Aufgabenbezogenheit – die Aufgabe hat Priorität*
  - *Unterschiedlicher Umgang mit der Zeit (monochron und polychron, Planung gegen Spontanität)*
  - *Aufrichtigkeit gegen das Bedürfnis, Harmonie zu wahren (vgl. Kommunikationsfaktoren)*
  - *Beziehung zwischen den Geschlechtern*

- *Wegen unterschiedlicher soziokultureller Gebräuche?*
- *Oder hat das Problem nichts mit kulturellen Unterschieden zu tun?*
- *Welchen Eindruck haben die Personen jeweils nach der Begegnung voneinander?*

3.7.3 Arbeitsblatt Kritische Begegnungen (Critical Incidents)

1. Herr Müller hält einen Vortrag vor spanischen und portugiesischen Einkäufern über sein neues Produkt. Er hat sich gut vorbereitet: Er zeigt seinen Zuhörern eine Powerpoint-Präsentation über technische Daten und wissenschaftliche Untersuchungen und glaubt, dass er sie damit überzeugen kann, das Produkt zu kaufen. Herr Müller ist enttäuscht, als er merkt, dass seine Zuhörer gähnen und sich zu langweilen scheinen.

2. Sabine hat einen Artikel, in dem die Arbeitsweise der Japaner kritisiert wird, an Koji, einen japanischen Freund, geschickt. Sie bittet ihn um seine Meinung, da sie eine Hausarbeit über das Thema schreiben muss. Danach hört sie von ihm mehrere Monate nichts und als er endlich antwortet, schreibt er: „Ich finde den Artikel nicht mehr und kann mich nicht mehr daran erinnern."

3. Ralf verbringt seine Ferien in Spanien. Er geht mit einer Zielgruppe von Spaniern zum Essen. Da er keinen großen Hunger hat, bestellt er nur ein kleines Gericht. Als die Rechnung kommt, ist er sauer, dass die Rechnung zwischen allen aufgeteilt wird und er mehr bezahlen muss, als er konsumiert hat. Das war vorher nicht vereinbart worden!

4. Herr Wiener ist nach Mexiko geflogen, um dort einen neuen Kunden zu besuchen. Er glaubt, dass die Verhandlungen nicht länger als zwei Tage dauern werden und hat schon den Rückflug gebucht. Am nächsten Tag ist er frustriert, denn die Geschäfts-verhandlungen haben noch nicht einmal richtig angefangen; es geht immer um andere Themen.

5. Susanne verbringt ihren Urlaub in Costa Rica. Oft, wenn sie auf die Straße geht, lächeln sie die Männer an und sagen etwas zu ihr. Sie versucht, sie zu ignorieren. Als Aranceli, ihre costaricanische Freundin, ihr Verhalten bemerkt, kritisiert sie sie: „Du lachst nicht einmal, wenn man dir ein Kompliment macht!"

6. Mari ist Finnin und lebt seit ein paar Monaten in Deutschland. Sie spricht gut Deutsch. Manchmal hat sie aber ein Problem bei der Kommunikation mit Deutschen: Sie warten im Gespräch nicht auf ihre Antwort, sondern reden nach einer kurzen Pause einfach weiter.

3.7.3 Kommentar zu *Kritische Begegnungen*

Mögliches Problem	Eindruck/Gefühle des/der Deutschen	Eindruck/Gefühle der anderen Kulturangehörigen
1. Kommunikation: Vortragsart – in Deutschland versucht man durch Fakten und technische Details zu überzeugen, im Mittelmeerraum eher durch Interaktion und lebhaften Vortrag.	Enttäuscht, frustriert Denkt: Sie haben kein Interesse.	(Spanier, Portugiesen) Warum erzählt er uns diese Details, wenn wir uns doch erst einmal über allgemeine Fragen unterhalten und ihn kennen lernen wollen?
2. Kommunikation: Kritik üben. Kultur: Gesicht wahren Koji ist über den Artikel verärgert, sagt es aber nicht offen, da man in seiner Kultur bestrebt ist, das eigene Gesicht und das des anderen zu wahren.	Er ist unordentlich, weil er meinen Artikel verloren hat. Er ist nicht hilfsbereit. Er hat keine Lust, über das Thema zu reden.	(Japaner) Verärgert, verletzt Es ist eine taktlos, mir diesen Artikel zu schicken. Ich will darauf nicht antworten. Ich kann das ihr aber nicht sagen, sonst verliert sie ihr Gesicht.
3. Unterschiedliche Gebräuche beim Restaurantbesuch Wenn man in D. mit Freunden ins Restaurant geht, zahlt jeder normalerweise getrennt In Spanien wird die Rechnung aufgeteilt. Der Deutsche kennt diese ungeschriebene Regel nicht	Verärgert Wie ärgerlich, dass ich für die anderen mitbezahlen muss!	(Spanier) Verärgert Er ist geizig.
4. Kultur Personenorientierung Die Mexikaner möchten den Geschäftspartner erst kennen lernen.	Frustriert. Was für eine Zeitverschwendung - in zwei Tagen kein Ergebnis erzielt.	(Mexikaner) Erstaunt, misstrauisch Warum hat er es denn so eilig? Wir kennen ihn doch noch gar nicht, wir müssen ihn erst kennen lernen, bevor wir mit ihm Geschäfte machen.
5. Kommunikation/Kultur Unterschiedliches Rollenverständnis von Mann und Frau und Umgang miteinander. Frauen ein Kompliment zu machen, wird als harmloser Spaß angesehen (Costa Rica) Sexuelle Belästigung (Deutschland)	Genervt. Warum lassen diese Machos mich nicht in Ruhe?	(Costaricaner) Sie ist unfreundlich, arrogant…!
6. Paraverbale Kommunikation - Sprecherwechsel. In Finnland ist im Allgemeinen eine längere Pause beim Sprecherwechsel	Versucht vielleicht unbewusst die ungewohnte Pause zu überbrücken	(Finnin) Verärgert. Interessiert mein Gesprächspartner nicht, was ich zu sagen habe?

3.7.4 Interkulturelle Dialoge

Ziel	Erkennen von Problemen in der interkulturellen Kommunikation und Erproben von Kommunikationsstrategien
Methode	Analyse
Sozialform	Kleingruppen und Plenum
Anzahl von TN	6 – 20
Benötigtes Material	Ein Dialog pro Gruppe
Zielgruppe	A - besonders für Sprachkurse geeignet
Quelle:	Dialoge von Christine Röll verfasst
	ähnlich Stortis *Cross-Cultural Dialogues* (Storti, 1994)

Aufgabe
Die TN werden in Kleingruppen (2-3 TN) eingeteilt. Sie erhalten verschiedene Dialoge, in denen es um interkulturelle Missverständnisse geht. Sie analysieren diese und versuchen, Gründe für die Missverständnisse zu finden.

Auswertung
Analyse im Plenum

Mögliche Gründe für die Missverständnisse:

zu 1. Sabine als Deutsche erwartet, dass eine Absprache eingehalten wird und ist verärgert, dass Juan sie kurzfristig ändern will. Juan als Spanier reagiert dagegen flexibel auf die augenblicklichen Umstände – das hier und jetzt sind ihm wichtig. Um Sabine nicht zu kränken und sein und ihr Gesicht zu wahren, bringt er zuerst die Ausrede mit dem schlechten Wetter.

zu 2. Silke Schmidt, Deutsche, versteht nicht, dass Koji mit dem Preis nicht einverstanden ist. Da es in Japan unhöflich ist, direkt eine abschlägige Antwort zu geben, versucht er dies durch eine nicht sehr enthusiastische Antwort zu vermitteln.

zu 3. In der japanischen Kultur ist es nicht so wichtig, was „wahr" ist, sondern die Harmonie und das Gesicht zu wahren – das eigene und das anderer Personen. Zum „Gesicht wahren" kann auch gehören, dass man nicht zugeben möchte, dass man etwas nicht verstanden hat.

3.7.4 Arbeitsblatt Interkulturelle Dialoge

1. Keine Zeit zum Kaffeetrinken

Sabine hat sich mit Juan um drei Uhr zum Sprachaustausch verabredet.
Um halb drei klingelt das Telefon. Juan ist am Apparat.

Juan:	„Es regnet so stark. Ich kann heute nicht kommen."
Sabine:	„Aber es hat doch gerade aufgehört."
Juan:	„Ja, aber ich koche gerade mit den Leuten in meiner WG und wir wollen später zusammen essen. Vielleicht können wir uns morgen treffen?"
Sabine:	„Morgen habe ich keine Zeit."

2. Ein gutes Angebot

Silke Schmidt:	Wir geben Ihnen einen Sonderpreis von 5 € pro Stück, wenn Sie 1000 Stück bestellen.
Koji Surawato:	„Das ist ein guter Preis."
Silke Schmidt:	„Sind Sie dann also mit dem Preis einverstanden?"
Koji Surawato:	„Es ist ein guter Preis."
Silke Schmidt:	„Gut. Wann benötigen Sie die Ware?"

3. Ja

Lehrerin:	„Hallo Takumi."
Takumi:	„Hallo."
Lehrerin:	„Wie geht es dir?"
Takumi:	„Gut."
Lehrerin:	„Wie war dein Wochenende?"
Takumi (lächelnd):	„Ja."
Lehrerin:	„Ich meine, wie war dein Wochenende?"
Takumi (lächelnd):	„Ja, ja."

3.7.5 Analyse von Firmenwebsites

Ziel	Erkennen kommunikativer und kultureller Eigenschaften aufgrund eines authentischen Kommunikationsproduktes (Websites)
Methode	Analyse
Sozialform	Kleingruppen
Anzahl von TN	je nach technischen Gegebenheiten
Benötigtes Material	Computer mit Internetanschluss
Zielgruppe	A, besonders für Sprachkurse geeignet
Quelle	Kriterien von Christine Röll

Aufgabe
Die TN analysieren in Kleingruppen Firmenwebsites in verschiedenen Ländern. Die Firmen sollten aus der gleichen Branche kommen oder von internationalen Firmen kommen, z. B. Volkswagen, Unilever, etc.. Zur Analyse eignen sich besonders die Auftritte von Herstellern von schnelllebigen Verbrauchsgütern, die auch FMCG (Fast Moving Consumer Goods) genannt werden. Dies sind Waren des täglichen Bedarfs, wie zum Beispiel Lebensmittel, Getränke, Körperpflegeprodukte oder Wasch- und Reinigungsmittel.

Auswertung
Die Ergebnisse werden im Plenum diskutiert.
Welche Schlüsse kann man auf die Kommunikationsweise in der jeweiligen Kultur ziehen, z. B. sachlicher/persönlicher Stil, Fakten sind wichtig, Art von Stil/Design, Stellenwert von Geschichte/Tradition, Emotionen, Art der Abbildungen, etc.

3.7.5 Fragen zur Analyse von Firmenwebsites

Wie ist die Website strukturiert?

- Welche Information kommt zuerst – Firma oder Produkte?
- Spielt die Geschichte und Tradition eine wichtige Rolle?
- Welche Rolle spielen Personen?
- Welche weiteren Informationen oder Links gibt es?
- Ist die Website für Sie klar gegliedert?
- Mit welchen Elementen soll der potentielle Kunde überzeugt werden?

Bilder

- Gibt es Bilder? Wie häufig?
- Was zeigen sie, z. B. Menschen, Produkte, Gebäude, Landschaften...?
- Bieten die Bilder weitere Informationen oder haben sie andere Funktionen, z. B. Emotionen zu wecken?

- Welche Farben und Illustrationen werden verwendet?
  - Wie wirken diese Farben auf Sie (fade, unruhig, grell, harmonisch...)
  - Was ist das Verhältnis von Text und Illustrationen? (viel Text, wenig Text)
  - Welchen Zweck haben die Illustrationen?

- Wie sind die Sprache und die Argumentation?
  - sachlich
  - überzeugend
  - humorvoll
  - emotional
  - aggressiv

Informationen

- Wie finden sie die Menge der Information: ausreichend, zu viel, zu wenig?
- Wie wirkt die Website im Allgemeinen auf Sie? Warum?

Denken Sie, dass die Seite in Ihrer Kultur positiv aufgenommen würde? Warum (nicht)?

3.8 Kulturschock – Leben in einem anderen Land

Ziel	Symptome des Kulturschocks erkennen und Strategien zu seiner Überwindung finden
Methode	Fallstudie
Sozialform	Plenum
Anzahl von TN	bis 20
Benötigtes Material	Arbeitsblatt
Zielgruppe	A
Quelle	Fallstudien werden häufig im interkulturellen Unterricht eingesetzt Diese Fallstudie stammt von Christine Röll

Aufgabe

Die TN lesen den Text und beantworten die Fragen

Auswertung

Besprechung im Plenum

3. 8 Arbeitsblatt Kulturschock – Leben in einem anderen Land

Maite: "Ich bin Spanierin. Ich habe in Spanien Wirtschaft studiert und bin mit meinem Studium fertig. Ich lebe seit fünf Monaten in Deutschland, weil ich ein Praktikum in einer kleinen Firma absolviere. Es ist das erste Mal, dass ich allein in einem anderen Land bin. Es gefällt mir hier nicht. Die Deutschen sind nicht so herzlich wie die Spanier. Sie sind kalt und gefühllos. Sie berühren sich kaum und küssen sich nicht zur Begrüßung.

Die Deutschen sind engstirnig und machen immer alles genau nach Plan. Wenn etwas dazwischen kommt, werden sie nervös und wütend.

Außerdem mögen sie keine Ausländer. Meine Kollegen sind nicht sehr hilfsbereit und haben nie Zeit für mich.

Am Wochenende ist es mir oft langweilig. Nachmittags und abends ist hier nicht viel los. Manchmal treffe ich mich mit anderen Spaniern. Mein Deutsch ist nicht gut, ich spreche nicht viel Deutsch. Ich kenne kaum Deutsche außer bei der Arbeit, aber nach der Arbeit gehen alle gleich nach Hause, sie machen nie etwas zusammen... Ich wohne bei einer Familie, dort esse ich auch. Aber die Deutschen können nicht kochen und sie genießen das Essen nicht. Bei uns gibt es fast nur Fertiggerichte... Die Deutschen essen früh zu Abend und gehen früh ins Bett...Sie gehen nicht aus und haben keinen Spaß. Die Familie ist nicht wichtig für sie. Die jungen Leute ziehen schon bald in eine eigene Wohnung und haben wenig Kontakt zu ihren Eltern und Großeltern...„

Fragen

1. Was sind Maites Probleme?

2. Welche Gründe gibt es für ihre Probleme?

3. Wie geht sie mit ihren Problemen um?

4. Was könnte sie tun, um ihre Situation zu verbessern?

3.8 Kommentare zum Arbeitsblatt
   „Kulturschock – Leben in einem anderen Land"

1. Maites Probleme:
- Sie ist einsam und fühlt sich isoliert.
- Sie hat keine Freunde in Deutschland.
- Sie hat Probleme bei der Arbeit.
- Ihr schmeckt das deutsche Essen nicht.
- Sie ist nicht an die deutsche Lebensart und den Tagesrhythmus gewöhnt.

2. Mögliche Gründe:
- Sie leidet an einem Kulturschock.
- Sie kann nicht gut auf Deutsch kommunizieren.
- Sie hat starke Vorurteile gegen Deutsche.
- Sie ist von einigen Personen unfreundlich behandelt worden.

3. Wie geht sie mit ihren Problemen um:
- Sie sondert sich noch mehr ab.
- Sie will nicht deutsch lernen.
- Sie flüchtet sich in ethnozentrisches Verhalten (in Spanien ist alles gut).
- Sie übt keine Selbstkritik.

4. Was könnte sie tun, um die Situation zu verbessern – Vorschläge:
- Sich mit Deutschen anfreunden (in einem Verein, an der Volkshochschule, die Freunde von Freunden treffen).
- Deutsch lernen.
- Mit ihren Kollegen und ihrer Gastfamilie über ihre Probleme reden.
- Versuchen, zwischen individuellem Verhalten und kulturellen Stereotypen zu unterscheiden.
- Die andere Kommunikationsweise erkennen (verbal, nonverbal, paraverbal).
- Versuchen, das andere Verhalten zu verstehen.
- Mikroverhalten lernen (Essen und Trinken, Einladungen, usw.)
- Zeitung lesen, Radio hören, Fernsehen, um mit der aktuellen Situation in Deutschland vertraut zu werden.

3.9 Feedback und Evaluation

3.9.1 Aquarium

Ziel	Reflexion über das Seminar und das eigene Empfinden
Methode	Diskussion
Sozialform	Plenum
Anzahl von TN	7 – 30
Zielgruppe	A
Quelle:	Kontaktstudium Erwachsenenbildung Weingarten

Aufgabe

In einem Innenkreis tauschen vier TN ihre Eindrücke über das Seminar aus. Die übrigen TN beobachten die Diskussion und haben die Möglichkeit einzugreifen.

Eine neue Gesprächsrunde mit neuen Personen kann sich anschließen.

Regeln für die TN:

- Die Diskussion wird nur im Innenkreis geführt.
- Es spricht immer nur eine Person.
- Jede Person im Außenkreis kann sich auf den freien Stuhl in der Mitte setzen.
- Die Person auf dem freien Stuhl hat sofort Rederecht.
- Nach dem Beitrag kehrt die Person als Beobachter in den Außenkreis zurück.

3.9.2 Metapher zeichnen

Ziel	Reflexion über das Seminar und das eigene Empfinden darüber
Methode	Zeichenspiel
Sozialform	Einzelübung + Plenum
Anzahl von TN	-
Benötigtes Material	Papier und Stifte
Zielgruppe	A
Quelle:	Kontaktstudium Erwachsenenbildung, Weingarten

Aufgabe
Die TN zeichnen als Metapher, d.h. bildhaft, wie sie das Seminar empfunden haben.

Auswertung
Die TN zeigen sie ihre Bilder und erklären sie.

3.9.3 Post-It

Ziel	Erreichen, dass sich Wissen und Erkenntnisse verankern
Methode	Erinnerungsspiel
Sozialform	Einzelübung
Anzahl von TN	-
Benötigtes Material	Post-It-Zettel und Stifte
Zielgruppe	A
Quelle	Christine Röll

Aufgabe

Die TN schreiben am Ende des Seminars zwei Stichworte/Gedanken, die ihnen besonders wichtig erscheinen und mit denen sie sich weiter befassen wollen, mit Filzstift auf ein Post-It-Papier. Dieses nehmen sie mit und kleben es an einem Ort, wo sie es oft sehen, z. B. an den Schreibtisch, Nachttisch oder Spiegel.

4 Bibliographie

Baron, Rachel (2002): *Interculturally speaking: "Landeskunde", Intercultural learning and teacher training in Germany from an American perspective.* München: Langenscheidt-Longman

Bolten, Jürgen (2001): *Interkulturelle Kompetenz.* Erfurt: Landezentrale für politische Bildung Thüringen

Brander, Pat (1995): *all different all equal education pack.* Strasbourg: European Youth Centre Youth Directorate

Dülfer, Eberhard (1999): *Internationales Management in unterschiedlichen Kulturbereichen,* München, Wien: Oldenbourg

Dunphy, Shane (2006): *Wednesday's Child,* Dublin: Gill & Macmillan Ltd.

Gorlick, Ron: *Nur das Ergebnis zählt.* In: Harvard Business Manager, November 2009, S. 12-15

Hofstede, Geert (1994): *Cultures and Organisations.* London: Harper Collins Business

Kabasci, Kirstin (2003): *KulturSchock Jemen.* Bielefeld: Reise-Know-How-Verlag

Klein Olaf Georg: *Fremd im eigenen Land.* In: Harvard Business Manager, November 2009, S. 101-104

Lewis, Richard D. (1996): *When Cultures Collide.* London: Nicholas Brealey Publishing Limited

Müller-Jacquier, Bernd (2000): *Linguistic Awareness of Cultures. Grundlagen eines Trainingsmoduls.* In: Bolten, Jürgen (ed.). Studien zur internationalen Unternehmenskommunikation. Leipzig: H. Popp, S. 20-50

Rachow, Axel (Hrsg.). (2000): *spielbar.* Köln: managerSeminare, Gerhard May Verlags GmbH

Seelye, H. Ned; Seelye-James Alan: (1995). *Culture clash.* Lincolnwood, Ill.: NTC Business Books

Storti, Craig (1994):. *Cross-Cultural Dialogues: 74 Brief Encounters with Cultural Difference.* Yarmouth: Intercultural Press

Thomas, Alexander (2000). Bedeutung und Funktion sozialer Stereotype und Vorurteile für die interkulturelle Kommunikation. In: *O. Rösch (Hrsg.), Stereotypisierung des Fremden. Auswirkungen in der Kommunikation,* Wildauer Schriftenreihe Interkulturelle Kommunikation, Bd. 4, Berlin: News & Media, S. 11-27

Thomas, Alexander (1994): Kulturelle Divergenzen in der deutsch-deutschen Wirtschaftskooperation. In: T. Bungarten (Hg.). *Deutsch-deutsche Kommunikation in der Wirtschaftskooperation*. Tostedt: Attikon